# RAEL

# GLI EXTRATERRESTRI MI HANNO PORTATO SUL LORO PIANETA

*Il secondo messaggio che gli Elohim
mi hanno trasmesso*

*Titolo originale dell'opera:*
Les extra-terrestres m'ont emmené sur leur planète
Le 2^eme message qu'ils m'ont donné

Tradotto dal libro "Les extra-terrestres m'ont emmené sur leur planète. Le 2$^{eme}$ message qu'ils m'ont donné" scritto in lingua francese da Rael, originariamente pubblicato nel 1975 da "L'Edition du Message".

ISBN: 9798598417768

Editore: Nova Distribution
L'editore può essere contattato a: publishing@rael.org

Ringraziamenti:

Cover Art: Elena Del Carlo
Traduzione e composizione: Marco Franceschini

# INDICE

# Introduzione

Avevo semplicemente deciso di raccontare la mia vita prima del fantastico incontro del 13 dicembre 1973 perché desideravo rispondere alle molte persone che mi chiedevano cosa avessi fatto in precedenza e se, durante la mia infanzia, avessi vissuto degli eventi eccezionali che potessero lasciar presagire un tale destino. Anche se pensavo che, nei miei primi anni di vita, non fosse avvenuto nulla di straordinario, scavando nei miei ricordi sono rimasto davvero sorpreso nel constatare come riaffiorassero degli episodi che, messi insieme l'uno dopo l'altro, formavano un tutto coerente, e come la mia vita fosse stata veramente guidata affinché io fossi ciò che ero e mi trovassi proprio nel luogo dove mi trovavo il 13 dicembre 1973.

Avevo praticamente finito di scrivere tutto questo quando ebbe luogo il secondo incontro. Allora, ho riassunto al massimo il testo che descrive i miei ricordi, per lasciare maggior spazio al secondo messaggio ed al racconto del secondo contatto, ancora più fantastico del primo.

# Capitolo I

## La mia vita fino al primo incontro

## Già due anni

Due anni! Sono già quasi due anni che, in un modo o nell'altro, mi sforzo di diffondere questa verità troppo grande per me. Il tempo scorre e ho l'impressione di segnare il passo. Tuttavia, a poco a poco, si sta formando attorno a me un solido nucleo di persone che hanno compreso che il mio primo libro diceva veramente la verità. Settecento, sono settecento nel momento in cui sto scrivendo queste righe, e comprendo fino a che punto tutto ciò sia poco e molto allo stesso tempo. Poco, quando si pensa ai quattro miliardi di esseri umani che popolano la Terra, e molto, quando si pensa alle poche persone che, in capo a due anni, avevano deciso di seguire colui che, duemila anni fa, aveva avuto come me il pesante compito di essere iniziato e di iniziare i primitivi della sua epoca. Ma chi sono questi settecento? Sono forse dei "creduloni" ai quali si darebbe a bere qualsiasi cosa, come indubbiamente piacerebbe agli schernitori di turno? Ebbene no! Tra loro vi sono anche dei laureati, dei dottori in filosofia, psicologia, teologia, sociologia, medicina, fisica, chimica, ecc. Ma la mia ammirazione va forse in egual misura a coloro che non posseggono alcun diploma. Infatti, anche se non hanno acquisito durante i loro studi le conoscenze che gli avrebbero consentito di capire che è possibile creare scientificamente della materia vivente e degli esseri umani come noi, lo hanno lo stesso intuito, in quanto esseri umani capaci di dominare la materia e di mettersi in armonia con l'universo di cui fanno parte. Devo anche dire che, nel complesso, sono assai ottimista e credo di avere, finora e di già, condotto a buon fine la missione che mi è stata affidata, poiché, qualunque cosa mi possa accadere, il MADECH[1] è in marcia e niente potrà più fermarlo.

In questi due anni, ho tenuto circa quaranta conferenze e mi sono accorto che alcune domande si ripropongono regolarmente. Suppongo che alcuni punti del messaggio abbiano bisogno di essere chiariti, cosa che mi accingo a fare in quest'opera.

Ma, in primo luogo, che strada avevo seguito prima dell'incontro del 13 dicembre 1973? Devo ammettere che soltanto da pochissimo tempo ho riesaminato me stesso, per cercare di vedere con chiarezza in che modo la mia vita fosse stata guidata affinché, a quell'epoca, fossi disponibile e pronto ad entrare in azione sul piano psicofisico e spirituale. Certi avvenimenti della mia infanzia, presi separatamente, non mi sembrava avessero il minimo significato. Questo, finché non ne feci una sintesi. Adesso, tutto mi appare molto chiaro e mi ricordo con una certa emozione questi momenti che allora credevo privi di grande interesse. Lungi da me l'idea di raccontare la mia vita come se ogni suo avvenimento rappresentasse qualcosa di eccezionale, ma mi è sembrato che molte persone volessero saperne di più su ciò che mi era accaduto "prima". E poi, piuttosto che lasciare che le malelingue raccontino chissà cosa, preferisco dire tutto da me…

---

[1] MADECH è il nome della prima organizzazione fondata da Rael in Francia nel 1974. Questo acronimo significa "Mouvement pour l'Accueil Des Elohim Créateurs de l'Humanité" (Movimento per Accogliere gli Elohim, Creatori dell'Umanità N.d.T.).

# L'infanzia, UFO su Ambert

Essendo nato da padre ignoto, non posso dire di avere avuto un'infanzia classica. Ero ciò che viene chiamato un figlio "naturale", come se gli altri fossero dei figli artificiali… Un incidente, in qualche modo, almeno per la piccola città di Ambert, capitale mondiale del bigottismo (*sigh*). E per di più, oh sacrilegio, il padre ignoto (non poi così ignoto…) pareva fosse un rifugiato ebreo! La mia nascita venne celata il meglio possibile, non in una grotta ma in una clinica di Vichy. Questa nascita ebbe dunque luogo il 30 settembre 1946, verso le due del mattino, e fu molto difficile. Ma è più importante sapere che sono stato concepito il 25 dicembre 1945.

È nel momento della concezione che un essere comincia realmente ad esistere e a svilupparsi nel grembo di sua madre. Questa è la vera data della nascita di ogni individuo. Il 25 dicembre, una data importante da oltre duemila anni. Per coloro che credono al caso, la mia vita comincia, dunque, per caso…

Ci fu poi il ritorno ad Ambert, dove la mia povera madre tentò a lungo di farmi passare, agli occhi di suo padre, per "il figlio di un'amica che lei accudiva per qualche tempo". Egli, sebbene se la fosse presa molto con lei quando scoprì la verità, si dimostrò nei miei confronti, per quel po' di tempo che lo conobbi, il più gentile dei nonni. Ma ahimè, morì quando ero ancora molto piccolo. Mi raccontarono, in seguito, del suo sguardo divertito quando, avendolo visto sfoltire i suoi alberi da frutto, presi le forbici per potare… la sua insalata!

Fui allevato da mia nonna e da mia zia che, al tempo, vivevano insieme, come ancora fanno oggi. Mi insegnarono a leggere e mi fecero fare i miei primi passi, di cui peraltro conservo un ricordo molto preciso: certamente, la cosa più lontana di cui io abbia ricordo nella mia vita.

Solo molto recentemente, mia nonna mi ha raccontato che, nel 1947, vide, sopra ad Ambert, nelle immediate vicinanze di casa sua, uno strano apparecchio che eseguiva delle evoluzioni molto rapide, senza emettere alcun rumore. Fino a quel momento, non aveva mai osato parlarne con nessuno, per paura di essere accusata di avere delle allucinazioni.

Fu soltanto dopo aver letto il mio libro che decise di parlarmene e, allo stesso tempo, di aderire al MADECH. La sua adesione è stata, del resto, uno degli incoraggiamenti più importanti che io abbia ricevuto.

# Il papa dei Druidi

Ad Ambert, c'era un vecchio del quale i bambini avevano paura e di cui gli adulti si burlavano. L'avevano soprannominato Gesù Cristo, perché portava dei capelli molto lunghi, raccolti a chignon, ed una magnifica barba. Era sempre vestito con una lunga tunica che gli arrivava quasi alle caviglie ed abitava ad un centinaio di metri dalla casa dove mia madre aveva trovato un piccolo appartamento. Non lavorava, e nessuno sapeva di cosa vivesse, nella sua minuscola casa situata proprio di fronte al municipio.

Crescendo, i bambini smettevano di averne paura e, come i loro genitori, cominciavano a burlarsi di lui; lo seguivano deridendolo e facendogli marameo con la mano. Personalmente, non mi piaceva giocare con gli altri; preferivo contemplare gli insetti e leggere dei libri. Avevo incontrato più volte quest'uomo per strada ed ero rimasto colpito dal suo viso, che emanava una grande bontà, e da quel sorriso intelligente che mi rivolgeva guardandomi. Non sapevo perché, ma non mi faceva paura. Non vedevo in lui niente di ridicolo e non capivo perché gli altri bambini lo prendessero in giro.

Un pomeriggio, lo seguii, curioso di sapere dove fosse diretto. Lo vidi entrare nella sua casetta e lasciare aperta una porta che dava su una piccola cucina molto buia. Mi avvicinai un po' e lo vidi seduto su uno sgabello. Aveva un sorriso malizioso e sembrava che mi stesse aspettando. Mi fece cenno di entrare, cosa che feci, e mi avvicinai a lui. Egli pose la sua mano sulla mia testa, e sentii come una strana sensazione. Nello stesso momento, guardò verso l'alto pronunciando delle parole che non capii. Dopo qualche minuto, mi lasciò andare, sempre senza una parola e con lo stesso sorriso misterioso.

All'epoca, questo fatto mi incuriosì, ma me ne dimenticai molto presto. Fu soltanto durante l'estate del 1974 che, leggendo un libro che mia madre mi aveva prestato e che parlava dell'Alvernia misteriosa, appresi che papà Dissard, il vecchio uomo in questione, era l'ultimo dei "Dissard", vale a dire l'ultimo "Papa" dei Druidi ancora in vita, e che era morto qualche anno prima. Allora, mi tornò alla mente questo episodio della mia infanzia e ripensai al sorriso misterioso che il vecchio uomo mi rivolgeva ogni volta che lo incrociavo per la strada, vale a dire tutti i giorni, dal momento che eravamo vicini di casa o quasi.

Adesso, so esattamente a chi si rivolgeva guardando verso l'alto e pronunciando quelle frasi misteriose, così come so esattamente cos'era quell'oggetto luminoso e silenzioso che aveva visto mia nonna. Mi ricordo anche che, a partire dal giorno in cui si era svolta quella scena da papà Dissard, mi addormentavo ogni sera contando un certo numero di volte fino a nove, cifra che si presenta molto frequentemente nella mia vita, come un codice che mi fosse stato attribuito.

Non ero mai riuscito a spiegarmi questa improvvisa abitudine, sopraggiunta quando sapevo ormai contare, da diversi anni, molto più che fino a nove e che, dunque, non poteva essere il frutto di un esercizio meccanico. Avevo sette anni quando accaddero questi fatti.

# La poesia

In questo periodo, la cosa che suscitava maggiormente il mio interesse erano gli animali, che adoravo disegnare per tutto il giorno quando non organizzavo delle corse di lumache. Attirato dalla vita animale, il mio unico sogno era diventare un esploratore, per potermi avvicinare alla fauna misteriosa delle foreste vergini.

Ma a nove anni (ancora il nove) tutto cambiò. Prima di tutto, scoprii quella che per me divenne una vera passione: la velocità su tutto ciò che è in grado di rotolare su delle ruote, con o senza motore. La velocità e soprattutto l'equilibrio, il senso della traiettoria, la sfida con me stesso e con i miei riflessi. In definitiva, il dominio perfetto della mente sul corpo.

Iniziai con delle folli discese su di una piccola bicicletta quasi senza freni, e ancora mi chiedo come sia stato possibile non essere caduto nemmeno una volta. Per correre il più velocemente possibile, mi posizionavo in cima ad un colle e aspettavo che passasse un'automobile in velocità. Allora, mi lanciavo in un inseguimento vertiginoso, raggiungevo l'auto e, con grande sorpresa del conducente, la sorpassavo, arrivando in fondo alla discesa. Poi facevo marcia indietro e tornavo in cima, ad aspettare un'altra auto…

Qualche mese più tardi, assistetti per caso al passaggio del giro di Francia automobilistico, ed ebbi come un colpo di fulmine: era quindi possibile conoscere le gioie della velocità senza dover pedalare per risalire un pendio? E lo si poteva fare per mestiere? Era deciso, come si può decidere a nove anni: sarei diventato un pilota da corsa!

A partire da quel giorno, la mia vita fu incentrata esclusivamente sulle competizioni automobilistiche; non m'interessava nient'altro e non vedevo nessuna utilità nell'imparare tutte le cose che mi insegnavano a scuola, visto che sarei diventato un pilota da corsa!

I fumetti vennero rimpiazzati da serissime riviste automobilistiche e mi misi a contare con impazienza il numero di anni che mi separavano dall'età della patente di guida.

Fu sempre a nove anni che conobbi per la prima volta il collegio. Mia madre, disperata per il fatto che a scuola non volessi fare più niente e che ripetessi senza sosta che tutte quelle cose non mi sarebbero servite a nulla per diventare un pilota da corsa, decise di mandarmi nel collegio Notre-Dame-de-France, presso Puy-en-Velay. Sperava che così, senza riviste d'automobilismo, mi sarei rimesso a studiare, e in un certo senso non aveva torto. In ogni caso, però, conservo un pessimo ricordo di questo primo collegio, sicuramente per il fatto che vi fui messo troppo giovane. Mi ricordo di tante notti passate a piangere in quell'immenso dormitorio, dove ciò che credo mi mancasse maggiormente era la possibilità di starmene da solo per meditare. Questa mancanza che mi faceva piangere notti intere, come tutte le carenze sul piano emozionale o affettivo, aumentò la mia sensibilità già molto grande. Scoprii allora la poesia.

Ad ogni modo, ero sempre stato più attirato dal francese che dalla matematica, ma sempre come lettore interessato e passivo. A questo punto, mi venne la voglia, o meglio, il bisogno di scrivere, possibilmente in versi. Sebbene la matematica mi interessasse pochissimo, in questa materia avevo mantenuto una buona media, come anche in tutte le altre, salvo che in francese e, soprattutto, in composizione, dov'ero regolarmente il primo della classe, anche se il soggetto mi interessava davvero poco. Scrissi tutta una raccolta di poesie ed ottenni anche il primo premio in un concorso di poemi.

La cosa più sorprendente è che, nonostante non fossi stato battezzato, mi trovavo in un collegio gestito da frati cattolici, con tutto ciò che questo implica (preghiere prima di mangiare, di andare a letto, di alzarsi, di studiare, ecc.), comprese le messe quotidiane con la comunione. Quando, dopo sei mesi di comunioni quotidiane, i frati si accorsero che non ero stato battezzato, furono presi completamente dal panico. Trovai la cosa molto divertente; era l'unico momento che mi piaceva nelle loro messe, questa degustazione gratuita di mollica di pane fondente...

Fu sempre a nove anni che entrai nella pubertà. La cosa mi piacque molto e, allo stesso tempo, mi consolò della mia incompleta solitudine attraverso la scoperta di piaceri sconosciuti e segreti, che nessun altro tra i bambini di nove anni del dormitorio sembrava ancora conoscere.

E infine, a nove anni, m'innamorai per la prima volta, come ci si può innamorare a quest'età. Di fronte ai miei buoni risultati scolastici, mia madre aveva accettato di non mandarmi più in collegio. Così, mi ritrovai a frequentare l'ultimo anno nella scuola municipale di Ambert. Lei era là. Aveva anche lei nove anni, o quasi, e si chiamava Brigitte. Io ero timido, arrossivo e, per questo, apparivo ridicolo. Era bastato uno sguardo durante una visita medica, un gesto di pudore per nascondere ai miei occhi un petto dove non c'era evidentemente niente da vedere, per far scattare in me un sentimento di tenerezza ed un'immensa voglia di proteggere questo essere, all'apparenza così fragile.

L'anno seguente, mi ritrovai nello stesso liceo, in compagnia di questo primo amore con il quale non osavo nemmeno parlare. All'inizio dell'anno scolastico, ero anche riuscito a sedermi proprio nel banco davanti al suo, così da potermi voltare di tanto in tanto per ammirare il viso amato. Avevo solo dieci anni e pensavo sempre a lei.

Il fatto di essere in classe con lei mi stimolò e mi misi a studiare quel che serviva per non ripetere più. Passai così all'anno successivo, sempre senza il minimo piacere per gli studi. Ma, ahimè, cambiavamo sempre di classe ed ora avevamo dei professori al posto dei maestri. Così, mi trovavo quasi sempre distante da lei e non studiavo quasi più. Tant'è che, l'anno successivo, mi ritrovai nel collegio di una piccola città, situata ad una trentina di chilometri da Ambert: Cunlhat.

Qui fu ancora peggio che a Puy-en-Velay. Stavamo ammassati in un piccolo dormitorio, in cui il riscaldamento quasi non c'era e dove non esisteva praticamente alcuna disciplina. I più grandi, e dunque i più forti, facevano regnare la loro legge. Credo sia stato a questo punto che cominciai ad odiare veramente la violenza. Un giorno, avendone proprio abbastanza di essere brutalizzato dai ragazzi più forti di me, senza che venisse presa alcuna misura contro di loro, partii a piedi, ben deciso a percorrere i trenta chilometri di strada che mi separavano dalla casa materna. Nessuno si era accorto della mia partenza e, quando il direttore della scuola mi raggiunse in macchina, avevo già percorso quasi dieci chilometri.

Con mia grande gioia, fui messo alla porta e, a metà dell'anno scolastico, mi ritrovai come esterno presso i frati ad Ambert. Oh, che gioia: potevo incrociare tutti i giorni Brigitte per strada, sempre più bella, e la sua dodicesima primavera aveva fatto germogliare deliziosamente la sua camicetta.

Ero sempre meno interessato agli studi e così cominciai a gustare le gioie del marinare la scuola, soprattutto perché non apprezzavo molto il fatto di ritrovarmi "dai preti". Essi si erano peraltro premurati di consigliare a mia madre di farmi battezzare. Fortunatamente, lei preferì aspettare che raggiungessi l'età della comprensione per chiedermi cosa ne pensassi.

In questo periodo, mi sarebbe piaciuto diventare un meccanico, poiché avevo appreso che mi poteva tornare utile per diventare un pilota da corsa. Mia madre, che mi sognava ingegnere, voleva a tutti i costi che proseguissi i miei studi e non accettò che entrassi in un garage come apprendista. Questa nuova prevaricazione mi ridonò la voglia di scrivere delle poesie, e cominciai così a passeggiare per la campagna con un quaderno in mano, invece di seguire le lezioni.

A quattordici anni, mi trovai ancora una volta in collegio, questa volta a Mont-Dore, dove venivano accettati i bambini che nessun'altra scuola della circoscrizione voleva più. Ero in compagnia di un'accozzaglia molto interessante di zucconi e d'irriducibili. Fu uno di questi irriducibili, uno dei "capi" dei collegiali, ad essere il responsabile dell'orientamento che diedi ai successivi dieci anni della mia vita. Si chiamava Jacques e suonava la chitarra elettrica, e la cosa m'impressionò molto. Per le vacanze di Natale, mi feci regalare da mia nonna una magnifica chitarra, e Jacques mi insegnò qualche accordo. Allora iniziai a mettere le mie poesie in musica e mi accorsi che apparentemente la cosa piaceva molto a chi mi ascoltava. Non appena iniziarono le vacanze estive, cominciai a fare qualche concorso radiofonico, che quasi sempre vincevo.

Fu sempre durante queste vacanze che conobbi, per la prima volta, l'amore fisico, con la cameriera di un bar che era rimasta affascinata dalle mie canzoni. Lei aveva vent'anni e non mi insegnò grandi cose, a parte il potere che ha la chitarra sul gentil sesso.

L'anno seguente, avevo quindici anni e una gran voglia di vivere la mia vita. Un giorno, presi la mia chitarra sotto braccio, una piccola valigia e, dopo aver detto addio al collegio e a quegli studi senza interesse, presi la strada per Parigi in autostop.

Avevo duemila vecchi franchi in tasca ed il cuore pieno di speranza. Finalmente, andavo a guadagnarmi da vivere da solo e a mettere da parte del denaro per prendere la patente a diciotto anni e diventare così un pilota.

Per combinazione, mi diede un passaggio un uomo che guidava un'automobile dalla ripresa fulminea, nonostante la carrozzeria fosse quella di una berlina dall'aspetto molto tranquillo. Quando quest'uomo mi disse come si chiamava e che era un pilota da corsa, potei dirgli con quali macchine aveva gareggiato e che piazzamenti aveva ottenuto. Fu lusingato e sorpreso, lui che non era così famoso, d'incontrare un giovane che era al corrente dei suoi risultati. Mi raccontò che era stato un clown e che ora aveva un garage nel Sud-Ovest. Arrivati a Parigi, mi invitò a cena e mi offrì anche una camera presso l'hotel dove alloggiava. Qui, chiacchierammo un po' nel salone con due giovani donne che facevano le intrattenitrici in un bar e che avevano terminato la loro giornata; cantai qualche canzone ed andammo a dormire, ciascuno con una di queste affascinanti compagne. Fu in quell'occasione che venni realmente iniziato all'amore fisico.

La mattina successiva, me ne andai discretamente, poiché volevo trovare una camera e dei cabaret interessati alle mie canzoni. Non trovai né l'una né gli altri. Trascorsi la mia seconda notte a Parigi nel metrò, assieme ai barboni. Non avevo più un centesimo ed il mattino seguente la fame si fece sentire. Passai la giornata a tirare avanti, perdendo un po' la speranza di uscire da questa situazione. Quella sera, però, vidi un uomo che suonava la fisarmonica sulla terrazza di un caffè ed i clienti che gli davano delle monete. Decisi di provare a fare lo stesso e la cosa andò subito molto bene. Ero salvo.

Vissi così per tre anni, dormendo spesso dove capitava e mangiando un panino di tanto in tanto. Ma facevo progressi enormi ed un giorno venni ingaggiato da un piccolo cabaret, sulla riva sinistra della Senna. Guadagnavo dieci franchi a serata e spendevo dieci franchi di taxi per risalire sulla collina di Montmartre, dove avevo preso una piccola camera. Ma il mio nome appariva sulla locandina (anche se in piccolo...)! E mi vedevo già in cima a questa locandina, visto il successo che riscuotevo ogni sera. Un giorno, incontrai l'attore Jean-Pierre Darras, che mi consigliò di seguire dei corsi di arte drammatica al fine di migliorare la mia presenza scenica. Dal momento che non ne avevo i mezzi, fece in modo che potessi partecipare ai corsi del T.N.P. gratuitamente. Seguii per tre mesi i corsi Dullin, ma poi abbandonai, poiché non mi sentivo per nulla attirato dal teatro.

Al quel tempo, mi esibivo con lo pseudonimo di Claude Celler, che avevo scelto in omaggio allo sciatore e campione automobilistico Tony Sailer. Modificai l'ortografia del suo cognome per fare in modo che, unito al mio vero nome, ne risultassero delle iniziali doppie: C.C.

In quel periodo, vinsi numerosi concorsi radiofonici e, grazie alle mie esibizioni in diversi cabaret, arrivai a vivere quasi bene. Soprattutto, riuscii a mettere da parte abbastanza denaro per prendere la patente a diciotto anni precisi, come previsto. Questo non era però sufficiente per diventare un pilota. Prima di tutto, bisognava farsi un nome per sperare di essere ingaggiati da una scuderia e, per questo, bisognava avere una vettura competitiva, partecipare a qualche prova come privato e, possibilmente, vincerla. Ora, una vettura competitiva costa molto cara. Dovevo continuare a risparmiare per poter sperare di acquistare un tale veicolo. Perciò, continuai ad esibirmi e a cercare di mettere dei soldi da parte. Molti amici autori-compositori avevano registrato dei dischi e sembrava che questo fruttasse loro molto denaro. Decisi, dunque, di provare a registrarne uno, visto che avevo ormai più di centocinquanta canzoni in repertorio.

La prima casa discografica alla quale mi presentai mi propose un contratto di tre anni, che accettai di firmare. Il direttore di questa casa discografica era Lucien Morisse, direttore della stazione radio *Europe N°1*, che aveva lanciato moltissimi cantanti famosi. Il mio primo disco ebbe un onesto successo ed il secondo, grazie ad una canzone che s'intitolava *Le miel et la cannelle* (Il miele e la cannella, N.d.T.) fu apprezzato ancora di più. Forse le parole vi permetteranno di ricordare la musica, poiché venne trasmessa molte volte alla radio:

*LE MIEL ET LA CANNELLE*

*Ça sent le miel et la cannelle*
*Ça sent de vanille et d'amour*
*Ça sent le miel et la cannelle*
*Filles que j'aimerai toujours.*

*La première était brune et s'appelait Margot*
*Le soir au clair de lune nous jouions du flutiau*
*Moi j'ai pris la route de ses yeux*
*Et le chemin sans doute de ses cheveux.*

*La deuxième était blonde et s'appelait Marielle*
*Les sentiers de sa ronde encore je me rappelle*
*Moi j'ai pris la route de ses yeux*
*Et le chemin sans doute de ses cheveux.*

*La troisième était rousse et s'appelait Marion*
*Pour sa jolie frimousse et son coquin jupon*
*Moi j'ai pris la route de ses yeux*
*Et le chemin sans doute de ses cheveux.*

*Ne pleure pas l'ami, demain c'est le printemps*
*Elles sont si jolies et tu n'as pas vingt ans*
*Moi j'ai pris la route de ses yeux*
*Toi tu prendras la route de ses cheveux.*

Feci allora numerosi spettacoli e partecipai a parecchie tournée. Andava tutto bene ed ebbi anche il piacere di vedermi selezionato per partecipare alla *Rosa d'Oro* della canzone francese, ad Antibes.

Senza dubbio, però, coloro che mi guidavano non volevano che diventassi un artista troppo conosciuto. Questa tappa della mia vita era stata prevista per sviluppare la mia sensibilità ed abituarmi ad esprimermi in pubblico, ma nulla di più.

Un giorno, benché tutte le mattine venisse annunciato alla radio che ero tra i concorrenti selezionati per la *Rosa d'Oro* che avrebbe avuto luogo una settimana più tardi, Lucien Morisse mi prese da parte e mi spiegò che era obbligato a ritirarmi dal concorso. Mi disse anche che, in futuro, ne avrei capito la ragione, ma che per il momento non poteva dirmi di più. Così non partecipai.

Continuai, pertanto, a vivere miseramente delle mie canzoni e mi accorsi che non avrei mai guadagnato abbastanza per permettermi quella macchina con la quale lanciarmi nel mondo delle corse. Così, quando mi si propose di diventare rappresentante della casa discografica con la quale avevo inciso, accettai immediatamente, persuaso che in tal modo sarei arrivato, nel giro di qualche mese, a mettere da parte abbastanza denaro.

Mi ritrovai a Bordeaux, da dove partivo alla volta dei quindici dipartimenti di cui ero responsabile in qualità di agente di commercio. Vi restai un anno e smisi quando, finalmente, disposi della somma necessaria per comprarmi una macchina competitiva.

Non ebbi, ahimè, nemmeno il tempo di rodare questa macchina, che un amico me la distrusse in un incidente. Ma avevo scritto delle nuove canzoni durante quell'anno passato nel Sud-Ovest e un amico facoltoso mi spinse a registrare un nuovo disco, che avrebbe finanziato lui stesso.

Passai un nuovo anno a vivere dei miei versi. Poi, come per farmi cambiare definitivamente direzione, ebbi un grave incidente automobilistico.

Durante una tournée troppo faticosa, mi ero addormentato al volante e avevo urtato violentemente un muro, a quasi cento chilometri orari. In quel posto, erano già morte oltre dieci persone. Io ne uscii con diverse fratture, ma fortunatamente vivo.

Immobilizzato per oltre tre mesi, i miei risparmi si erano volatilizzati ed ero sempre fuori dalle corse! Io, che avevo sognato di fare il mio debutto a diciotto anni, a ventidue anni non avevo ancora partecipato a nessuna competizione.

A forza di recarmi sui circuiti come spettatore, mi ero accorto del fascino che questo sport esercitava sui giovani e del numero di ragazzi che desideravano diventare piloti, senza sapere come affrontare il problema. D'altra parte, non ne sapevo molto più di loro. Mi dissi che il modo migliore che potevo trovare per avvicinarmi a quest'ambiente era avere una professione che traesse vantaggio dall'entusiasmo dei giovani per questa specialità. Sapevo scrivere e feci subito il collegamento: potevo fare il giornalista per una rivista automobilistica. Presi qualche contatto con delle riviste specializzate, ma invano, poiché molti altri giovani avevano avuto la stessa idea.

Mentre sfogliavo le pagine de *L'Equipe* riservate alle automobili, notai un piccolo annuncio nel quale si cercavano dei fotoreporter, anche se principianti. Scrissi e mi risposero che la mia candidatura era stata presa in considerazione, dovevo solo versare centocinquanta franchi per le spese delle pratiche. In cambio, avrei ricevuto una pellicola fotografica per fare un servizio di prova su un soggetto di mia scelta. Inviai i soldi e ricevetti il materiale. Evidentemente, feci il servizio su una corsa automobilistica e rispedii le foto all'indirizzo indicato.

Molto presto, ricevetti una lettera in cui mi si invitava a telefonare a Digione, dove si trovava la sede della ditta che aveva messo il piccolo annuncio. Incontrai, in seguito, il padrone di questa casa "editrice", un uomo di una trentina d'anni che diceva di aver "fatto fortuna" negli Stati Uniti, nel ramo della fotografia. Sembrava molto interessato alla mia idea di creare una rivista di sport automobilistico che fosse rivolta ai giovani che volevano diventare dei piloti da corsa. Infine, mi propose un ingaggio come redattore capo di un giornale che sarebbe dovuto uscire qualche mese più tardi. Mi fece visitare lo stabilimento che doveva acquistare per istallarvi la tipografia, mi presentò il tipografo di Digione, che aveva ingaggiato come direttore, e mi mostrò la casa dove avrei potuto abitare con mia moglie, a due passi dal mio ufficio. Gli risposi che mi andava bene, a condizione che potessi correre ed occuparmi di corse. Mi disse allora che, se preferivo, aveva anche bisogno di una persona capace di dirigere un settore competizioni, poiché contava di lanciare il nuovo giornale facendo correre delle macchine da corsa che portassero i suoi colori. Questo mi avrebbe permesso di essere completamente immerso in questo ambiente, ed accettai di diventare direttore del settore competizioni di questa società.

Una settimana dopo, mi trasferii con mia moglie da Parigi a Digione. Ero sposato da circa tre mesi e mia moglie aspettava una figlia. Avevo conosciuto Marie-Paule nel mese di giugno e non c'eravamo più lasciati dal giorno del nostro primo incontro. Tre mesi più tardi eravamo sposati, unicamente per riguardo verso la sua famiglia, già molto scioccata dal fatto che non volevamo sposarci religiosamente. Era una famiglia piena di vecchi principi, dove potei assistere, fin dall'inizio, a delle preghiere prima dei pasti…

Il mio soggiorno a Digione durò soltanto due mesi e non ricevetti alcuno stipendio. Si scoprì che il ricco americano, che voleva fondare un giornale, era appena uscito di prigione e non aveva un soldo! Aveva truffato una somma di denaro che variava dai centocinquanta ai trecento franchi a più di cinquecento giovani che sognavano, come me, di diventare dei piloti da corsa o dei fotoreporter. Avevo lavorato due mesi per niente, ritrovandomi con le mie idee e senza un soldo.

Questa volta, decisi di lanciarmi da solo nel gran giro dell'editoria. Mi trasferii a Clermont-Ferrand, vicino a mia madre, per farle conoscere la gioia di essere presto nonna e, al fine di pubblicare una rivista ispirata dalle mie idee, fondai una casa editrice.

Questa rivista nacque in breve tempo, grazie ad un tipografo, anch'egli appassionato d'automobilismo, che accettò il rischio di farmi credito, senza che avessi alcuna garanzia da dargli.

Il giornale uscì rapidamente e, molto presto, divenne uno dei primi nella sua specialità. Oltre a ciò, riservai a me stesso la parte più interessante, vale a dire le prove dei nuovi modelli su strada e sul magnifico circuito di Mas-du-Clos, nella Creuse. Venni così introdotto nel difficile mondo delle corse e riuscii a farmi prestare delle macchine per correre. Finalmente il mio sogno si realizzava. Potei inoltre constatare che ero molto dotato, visto che riportai numerose vittorie, fin dai miei debutti e con vetture che non conoscevo.

Vissi allora tre anni meravigliosi, progredendo senza sosta sul piano della guida e della tecnica, e vivendo al cento per cento nell'ambiente che amavo: quello dell'automobilismo. Devo dire che provavo una vera gioia nel superare senza sosta i miei limiti e nel controllare sempre meglio le mie reazioni e i miei riflessi. Non m'interessavano né il rumore del motore né l'odore del gas bruciato, e devo riconoscere che mi dilettavo a sognare dei regolamenti che obbligassero i costruttori di auto da corsa a costruire veicoli che non emettessero alcun odore e non facessero alcun rumore, allo scopo di godere unicamente delle sensazioni del pilotaggio al suo livello più puro.

Ma tutto venne sconvolto il 13 dicembre 1973…

# L'incontro

Ecco, a grandi linee, quali furono gli avvenimenti che precedettero la straordinaria giornata del 13 dicembre 1973. In quel giorno, nel cratere di un vulcano spento dell'Alvernia, il Puy-de-La-Sola, incontrai per la prima volta l'extraterrestre, o più esattamente l'Eloha (Elohim al plurale), che avrei rivisto nello stesso luogo per sei giorni di seguito e che, ogni volta per circa un'ora, mi dettò *Il Libro che dice la Verità* e le sue fantastiche rivelazioni. Tra l'altro, avevo chiamato per errore questo posto Puy-de-la-Vache, che però è il nome del vulcano situato proprio a fianco del Puy-de-La-Sola.

Devo ammettere che, i primi giorni, mi sono chiesto se avrei osato parlare di tutto ciò con chicchessia. Per prima cosa, cercai di organizzare gli appunti che avevo preso alla meglio, ma troppo velocemente, mentre il mio interlocutore parlava.

Quando terminai questo lavoro, inviai il manoscritto originale ad una casa editrice che reputavo seria, dal momento che, per quanto ne sapessi, non pubblicava opere esoteriche o di fantascienza; ci tenevo, infatti, che questo messaggio, d'importanza capitale per l'umanità, non si trovasse immerso in una collana di avventure misteriose o di "libri neri" che alimentano il gusto della gente per le scienze parallele. Marcel Jullian, che dirigeva questa casa editrice, mi invitò ad andare a Parigi. Mi disse anche che si trattava di una cosa sensazionale, ma che era assolutamente necessario raccontare la mia vita prima di parlare del messaggio e che forse ci sarebbe stato "qualche dettaglio da cambiare".

La cosa era assolutamente fuori questione. Non volevo raccontare la mia vita in cento pagine e, solo in seguito, dare il messaggio che mi era stato trasmesso, come se la mia persona fosse tanto importante quanto ciò che ero stato incaricato di rivelare.

Volevo far pubblicare il messaggio e soltanto il messaggio, anche se questo avrebbe reso il libro poco voluminoso e, quindi, non molto interessante per un editore. Chiesi dunque al signor Jullian di rendermi il manoscritto. Mi rispose che non l'aveva con sé, perché un lettore se l'era portato via, ma che quando l'avrebbe restituito, me l'avrebbe inviato per posta.

Poco tempo dopo, una volta tornato a Clermont-Ferrand, ricevetti un telegramma che mi invitava a recarmi a Parigi per partecipare alla trasmissione televisiva di Jacques Chancel *Le Grand Échiquier* (La Grande Scacchiera, N.d.T.). Quest'ultimo, responsabile di una collana della casa editrice alla quale avevo inviato il mio manoscritto, l'aveva letto e aveva compreso che si trattava di qualcosa di assolutamente straordinario, che mi si credesse o meno.

Partecipai dunque a questa trasmissione e le migliaia di lettere che ricevetti in seguito dimostrarono che, se anche qualcuno rideva, erano in molti a prendere la cosa molto seriamente e a volermi aiutare. Ma i giorni passavano, ed il mio manoscritto ancora non tornava. Scrissi una lettera raccomandata all'editore, il quale mi rispose che il manoscritto mi sarebbe stato rispedito, ma che ancora non era stato ritrovato.

Dopo dieci giorni, mi recai nuovamente a Parigi per "far qualcosa", dal momento che più nessuno voleva rispondermi quando telefonavo per chiedere se l'avessero recuperato. Il celebre sarto Courrèges, che mi aveva contattato in seguito all'interesse suscitatogli dalla mia apparizione televisiva, accettò di accompagnarmi dall'editore, allo scopo di scoprire che cosa fosse esattamente accaduto al manoscritto. Marcel Jullian ci disse che il lettore in questione aveva preso con sé il messaggio degli Elohim, era quindi partito in vacanza e non si sapeva dove rintracciarlo. Davvero strano.

Infine, André Courrèges riuscì a recuperare il manoscritto e me lo riconsegnò personalmente. Ancora oggi mi chiedo se fosse stato davvero smarrito oppure se qualcuno avesse cercato di impedirne la pubblicazione. Se davvero in questa casa editrice si smarriscono così facilmente i manoscritti, sconsiglio vivamente agli autori di inviare i propri originali...

Spaventato da questo contrattempo, e di fronte al numero di lettere spedite da persone desiderose di procurarsi il libro contenente il messaggio, una volta pubblicato, Marie-Paule mi propose di lasciare il proprio impiego come infermiera, per consacrarsi all'edizione e alla diffusione di questo documento eccezionale. Accettai, poiché ero sicuro che, in tal modo, avrei avuto un controllo permanente sull'utilizzo di questi scritti.

Smisi immediatamente di occuparmi della rivista automobilistica, attività incompatibile con la serietà della missione che mi era stata affidata, e nell'autunno del 1974 il libro uscì dalle presse della tipografia. Lo choc nervoso, causato da questo imprevedibile sconvolgimento della mia esistenza, aveva avuto, come conseguenza, l'insorgere di un mal di stomaco che quasi mi portò ad un principio d'ulcera, una seria gastrite che mi aveva fatto soffrire tutto l'inverno.

Nessuna medicina riuscì a cambiare le cose e fu soltanto quando decisi di ritrovare un po' di calma, abbandonandomi a delle sedute di respirazione e di meditazione, che i dolori sparirono come per incanto.

Nel mese di giugno, partecipai ad una trasmissione televisiva condotta da Philippe Bouvard, *Samedi-Soir* (Sabato Sera, N.d.T.), e quest'ultimo, sarcastico come al solito, aveva mascherato un suo assistente da "marziano", con delle antenne rosa ed una tuta verde, per poi chiedermi se il personaggio che avevo incontrato assomigliasse a quello... Ma il pubblico, interessato da quelle poche cose che mi avevano lasciato dire, scrisse numeroso per rimproverare a Philippe Bouvard di non avermi preso sul serio. Di fronte alle migliaia di lettere che ricevette, decise allora di farmi tornare per un'altra puntata, dove avrei potuto dire qualcosa di più.

Persuaso che, in ogni caso, non mi avrebbe lasciato parlare abbastanza, decisi di affittare la Sala Pleyel per una data immediatamente successiva a quella della trasmissione televisiva e di annunciare ai telespettatori interessati che vi avrei tenuto una conferenza entro qualche giorno. Avevo affittato una sala da centocinquanta posti con un'opzione per quella da cinquecento, non avendo la minima idea di quante persone si sarebbero prese il disturbo di venire ad ascoltarmi. Arrivarono più di tremila persone! Si dovette evacuare la sala per ovvie ragioni di sicurezza, lasciando entrare soltanto il numero consentito. Agli altri venne annunciato che avrei tenuto un'altra conferenza qualche giorno più tardi, nella grande sala da duemila posti. Di certo, molte persone non se ne andarono di buon cuore, dato che alcuni di loro avevano percorso diverse centinaia di chilometri.

Alla fine, andò tutto bene e potei constatare che, a parte gli inevitabili schernitori che riuscii del resto a ridicolizzare per l'inconsistenza stessa delle loro domande, un gran numero di persone era pronto ad aiutarmi e a sostenermi. Sebbene mi sentissi tremendamente teso, come mai avevo provato quando cantavo, tutto andò per il verso giusto.

Le risposte alle domande più difficili venivano da sole alle mie labbra. Mi sentivo veramente aiutato dall'alto, come mi era stato promesso. Avevo l'impressione di ascoltarmi rispondere con delle frasi che sarei stato incapace di concepire da solo.

Qualche giorno più tardi, si tenne la seconda conferenza. Temevo che le persone che non erano riuscite ad entrare la prima volta non sarebbero tornate, e che mi sarei trovato con una sala affittata a caro prezzo e per tre quarti vuota. Per di più, non vi era stata altra pubblicità dopo la trasmissione televisiva, fatta eccezione per un piccolo trafiletto nel giornale *France-Soire*, il solo che aveva accettato di annunciare in tre righe questa seconda conferenza.

Parteciparono ancora più di duemila persone e la sala era piena! Fu un trionfo. Stavolta non avevo più alcun dubbio sulla riuscita della mia missione.

# Le conferenze

Così, a partire dal mese di settembre, tenni una quarantina di conferenze e potei constatare quali erano le domande che venivano poste con maggior frequenza. Vidi il numero dei membri del MADECH aumentare costantemente, mentre, in tutte le grandi città di Francia, si strutturavano delle sedi regionali attorno ai membri più dinamici.

Ho anche visto dei giornalisti fare veramente bene il loro mestiere, che consiste nell'informare il loro pubblico, scrivendo o dicendo esattamente ciò che hanno visto o ciò che hanno letto. Altri, come quelli del giornale *Le Point*, pubblicarono degli articoli menzogneri, senza correggere puntualmente i loro scritti neanche dopo aver ricevuto delle lettere raccomandate che ricordavano loro come, conformemente al diritto di replica, fossero tenuti a rettificare quegli articoli diffamatori. Altri ancora, come quelli del giornale *La Montagne*, si rifiutarono semplicemente di annunciare ai loro lettori che avrei tenuto una conferenza a Clermont-Ferrand, abusando, inoltre, del fatto che questo giornale è il solo quotidiano della regione. Il capo redattore di questo giornale, tra l'altro, mi ricevette per ribadirmi che mai avrebbe riferito di me e delle mie attività nel suo giornale. Tutto questo perché, quando feci la mia prima trasmissione televisiva, non aveva gradito il fatto di non essere stato informato prima che ne parlassi con l'ORTF. Triste storia e gran bell'immagine della libertà d'espressione. Rifiutarono anche di pubblicare un'inserzione a pagamento che annunciasse la suddetta conferenza, mentre, nello stesso giornale, si riportava a pagina intera la pubblicità di film pornografici... Quanto al giornale *Le Point*, aveva semplicemente trasformato una passeggiata dei membri del MADECH sui luoghi dell'incontro in un appuntamento mancato con gli Elohim... Ecco come si agisce per cercare di ridicolizzare un'associazione che sta nascendo.

È indubbiamente più facile e meno pericoloso, per un giornale di grande diffusione, prendersela con il MADECH anziché con la Chiesa e con i suoi duemila anni di usurpazione. Ma verrà il giorno in cui coloro che hanno cercato di nascondere o di deformare la verità rimpiangeranno i propri errori.

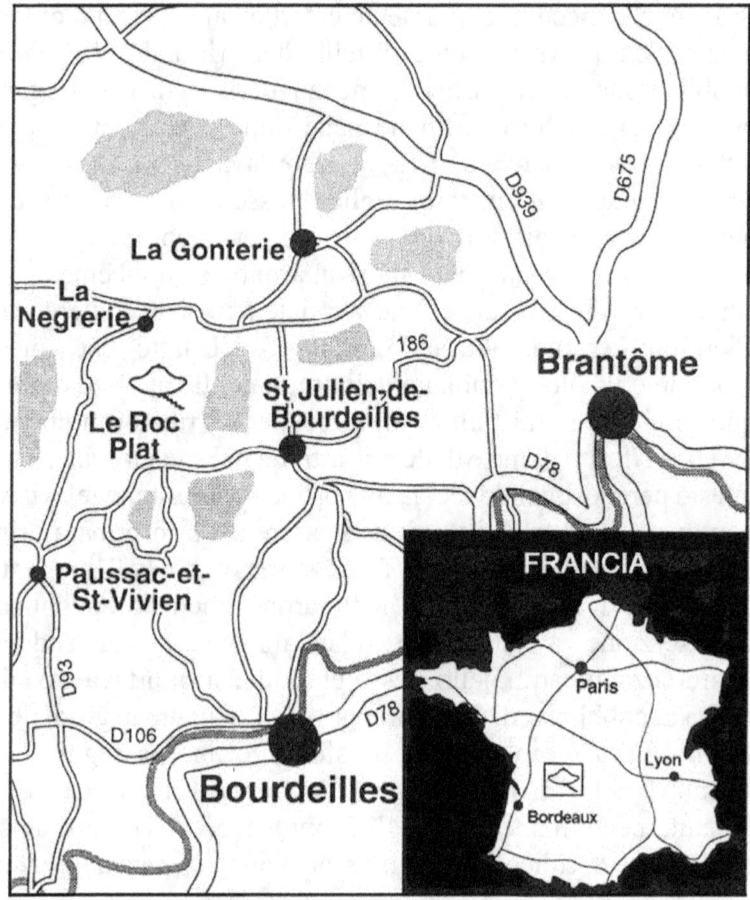


Mappa del luogo dove, il 7 ottobre 1975, è avvenuto il secondo incontro di Rael con gli Elohim: il Roc Plat, nelle vicinanze di Brantôme, che si trova nella regione del Perigord.

# Capitolo II

## Il secondo incontro

### L'apparizione del 31 luglio 1975

Nel mese di giugno del 1975, decisi di dimettermi dalla carica di presidente del MADECH. Da una parte, mi sembrava che questo movimento potesse adesso cavarsela molto bene anche senza di me, dall'altra, pensavo di aver commesso un errore strutturando questa associazione secondo la legge del 1901, assimilando questo movimento, di importanza capitale per l'umanità, ad un club di bocciofili e di vecchi combattenti.

Mi sembrava necessario creare un movimento più in accordo con il fantastico messaggio che mi avevano trasmesso gli Elohim, vale a dire un movimento che rispettasse alla lettera ciò che veniva consigliato dai nostri creatori, ossia la geniocrazia, l'umanitarismo, la rinuncia a tutte le pratiche religiose deiste, ecc.

Un'associazione basata sulla legge del 1901 era, per definizione, in opposizione al messaggio, se non altro nella forma in cui l'avevamo strutturata, poiché tutti i membri avevano diritto di voto e non veniva quindi rispettata la geniocrazia, secondo la quale solo i membri più intelligenti possono prendere parte alle decisioni.

Dovevo quindi riparare a questo errore al più alto livello, senza per questo sopprimere il MADECH. Nell'attesa di modifiche più efficaci dal punto di vista delle sue strutture, lo avrei invece trasformato in un'associazione di sostegno (a cui il regime imposto dalla legge 1901 non dava alcun fastidio) al vero movimento, che avrei creato con i membri più aperti del MADECH che lo avessero desiderato: la Congregazione delle Guide del MADECH.

Quest'associazione non dichiarata avrebbe raggruppato quelle persone che desideravano aprire la mente degli esseri umani sull'infinito e sull'eternità, diventando delle guide per l'umanità e applicando scrupolosamente ciò che veniva richiesto nel messaggio degli Elohim.

In questa società che cerca in tutti i modi di chiudere le menti a colpi di religioni deiste, di educazioni soporifere, di trasmissioni televisive anti-opinione e di grette battaglie politiche, avrei dunque provato a formare e ad iniziare delle persone che sarebbero potute partire per le strade del mondo, per cercare, a loro volta, di aprire le menti.

Il MADECH diventava così un organismo di sostegno, di primo contatto con le persone che scoprivano il messaggio, e conservava tutta la sua importanza. In qualche modo, il MADECH diventava un movimento di supporto composto da "praticanti" e la Congregazione delle Guide un movimento composto da "monaci" che guidavano i praticanti. Sapevo che tra i membri del MADECH c'erano persone perfettamente in grado di dirigerlo e ne ebbi conferma alle elezioni del consiglio d'amministrazione. Il mio sostituto al posto di presidente, Christian, era un fisico di sicuro avvenire, ed il resto del consiglio era composto da persone altrettanto rappresentative e competenti.

Fu ugualmente nel mese di giugno che François, uno dei membri più devoti del MADECH ed allo stesso tempo uno dei più aperti, venne a trovarmi a Clermont-Ferrand. Lo resi partecipe del mio desiderio di trovare una casa in campagna, in un posto che fosse il più ritirato possibile, al fine di riposarmi un po' e di scrivere tranquillamente un libro dove avrei raccontato tutto ciò che mi accadde prima del 13 dicembre 1973, per anticipare chiunque volesse raccontare cose menzognere sul mio passato. Mi disse che aveva una fattoria in un angolo sperduto del Perigord e che, se il posto mi fosse piaciuto, avrei potuto andarci per passare uno o due mesi, o anche restarci per quanto tempo avessi voluto, dal momento che nessuno vi abitava.

Senza attendere ulteriormente, prendemmo l'auto per andare a visitare il luogo e, di fronte alla calma e alla serenità della regione, decisi di rimanerci per due mesi. Dopo una quindicina di giorni, mi piacque così tanto che cominciai seriamente a pensare di stabilirmici definitivamente. François ci raggiunse alla fine di luglio e, insieme, cominciammo a considerare il mio trasloco per il giorno successivo alla riunione del 6 agosto a Clermont-Ferrand.

Non mi ero ancora del tutto deciso, poiché temevo di tradire un po' la mia missione allontanandomi dal luogo del mio meraviglioso incontro. Il 31 luglio, però, uscii a prendere un po' d'aria fresca insieme alla mia compagna Marie-Paule e a François. In quell'occasione, vedemmo un oggetto volante, apparentemente enorme ma silenzioso, compiere straordinarie evoluzioni quasi sopra la casa. Si muoveva a scatti, a volte a velocità inimmaginabili, per poi immobilizzarsi istantaneamente ed avanzare a zig-zag a circa cinquecento metri da noi.

Ero molto contento che altre persone, oltre a me, potessero assistere a questo spettacolo e m'invase allora un'indescrivibile sensazione di felicità. François mi disse che gli si erano drizzati i capelli sulla testa dall'emozione. Per me, si trattava di un segno evidente del consenso degli Elohim affinché io mi trasferissi in questa regione.

Il mattino successivo, mi accorsi di avere uno strano segno sul braccio, all'altezza del bicipite, vicino alla piega del gomito. Non feci subito il collegamento con l'apparizione del giorno precedente, ma, in seguito, molte persone mi dissero che non poteva che essere opera loro. Si trattava di un cerchio rosso di circa tre centimetri di diametro e di cinque millimetri di spessore, all'interno del quale si trovavano tre cerchi più piccoli. Questo segno restò immutato per una quindicina di giorni. Poi, i tre cerchi al centro si trasformarono in un unico cerchio, dando forma a due cerchi concentrici. In seguito, dopo un'altra quindicina di giorni, i due cerchi sparirono e lasciarono sul mio braccio una macchia chiara, che ho ancora. Insisto sul fatto che non ho mai sofferto per questo segno e che non ho sentito il minimo prurito per tutto il tempo in cui l'ho avuto. Alcuni scienziati di larghe vedute, ai quali l'ho mostrato, hanno ipotizzato che potesse trattarsi di un prelievo effettuato grazie ad un laser perfezionato.

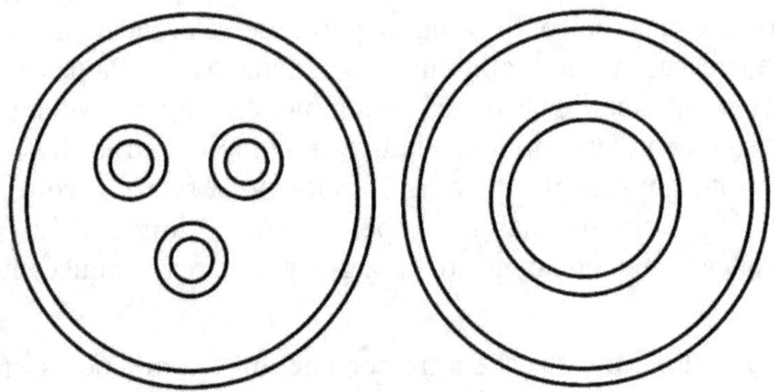

A sinistra, il segno che è apparso sul mio braccio il primo agosto del 1975 dopo che, il giorno precedente, un oggetto volante era passato sopra alla casa dove risiedevo all'epoca.

A destra, lo stesso segno dopo la trasformazione, avvenuta una quindicina di giorni dopo.

La riunione del 6 agosto, infine, ebbe luogo, come previsto, nel cratere del Puy-de-La-Sola. L'armonia e la fraternità che regnavano durante questo incontro erano davvero ammirevoli. Avevo deciso di organizzare la riunione dei membri del MADECH in questa data senza veramente conoscerne la ragione, ma di fatto gli Elohim mi avevano guidato, perché alcuni membri mi fecero presente che il giorno dell'incontro era proprio il trentesimo anniversario dell'esplosione della bomba su Hiroshima, ed anche la ricorrenza di una festa cristiana: la Trasfigurazione. Una coincidenza, diranno gli imbecilli.

Dopo questo incontro, alcuni membri del MADECH mi aiutarono a traslocare e mi stabilii definitivamente nel Perigord.

# Il secondo messaggio

Il 7 ottobre, intorno alle 23, ebbi improvvisamente voglia di uscire per guardare il cielo. Visto che faceva piuttosto freddo, indossai qualcosa di pesante e mi misi a camminare nella notte. Senza rendermene conto, presi una direzione ben precisa e sentii improvvisamente il bisogno di andare in un angolo appartato che François mi aveva mostrato durante l'estate; si tratta di un luogo disabitato, situato tra due ruscelli e circondato da foreste, chiamato Roc Plat. Vi giunsi verso la mezzanotte, chiedendomi un po' cosa ci fossi venuto a fare. Seguii però il mio intuito, dal momento che mi era stato detto che potevano guidarmi telepaticamente. Il cielo era magnifico e le stelle brillavano ovunque; non c'era nemmeno una nuvola. Mi misi a guardare le stelle cadenti quando, all'improvviso, tutta la campagna s'illuminò e vidi un'enorme palla di fuoco, come una scintilla, apparire dietro la vegetazione. Avanzai verso il punto in cui era apparsa quella sfera infuocata, provando un'immensa gioia, visto che ero quasi certo di ciò che stavo per scoprire.

Lo stesso oggetto volante che avevo visto per sei giorni consecutivi nel mese di dicembre del 1973 era lì, di fronte a me, e lo stesso essere che avevo incontrato due anni prima si avvicinò a me con un sorriso pieno di dolcezza. Notai subito una sola differenza: non aveva più lo scafandro che, la volta precedente, creava come un alone attorno al suo viso. Dopo tutto il tempo passato a cercare di far comprendere al mondo che stavo dicendo realmente la verità, mi sentivo meravigliosamente felice nel rivedere colui che era stato responsabile dello sconvolgimento della mia vita. Gli feci un inchino ed egli parlò:

"Si alzi e mi segua. Siamo molto soddisfatti di lei e di tutto ciò che ha fatto in questi due anni. È ora giunto il momento di passare alla tappa successiva, poiché ci ha provato che possiamo avere fiducia in lei. Questi due anni sono infatti serviti per metterla alla prova. Può notare che oggi non ho la protezione attorno al viso e che il mio veicolo le è apparso all'improvviso, senza luci intermittenti. Si trattava, in effetti, di precauzioni destinate a tranquillizzarla. Per questo le sono apparso con un aspetto che corrispondeva all'immagine che generalmente ci si fa di un viaggiatore dello spazio. Ma ora lei si è evoluto sufficientemente per non essere più spaventato, così non usiamo più queste tecniche di contatto".

Lo seguii nell'apparecchio e potei constatare che, all'interno, tutto era simile a ciò che avevo visto durante il mio primo incontro: le pareti avevano lo stesso aspetto metallico dell'esterno, non vi era alcun pannello di controllo, nessuna strumentazione e nessun oblò; il pavimento era fatto di un materiale blu traslucido, sul quale erano poste due poltrone fatte di un materiale trasparente che ricordava un po' le poltrone di plastica gonfiabili, senza però essere sgradevole al tatto. Mi invitò a sedermi su una delle due poltrone. Lui si sedette sull'altra e mi chiese di restare immobile. Pronunciò allora qualche parola in un linguaggio incomprensibile e mi sembrò di sentire che l'apparecchio dondolasse leggermente. Poi, ad un tratto, sentii una sensazione di freddo intenso, come se tutto il mio corpo si trasformasse in un blocco di ghiaccio, o meglio, come se migliaia di cristalli di ghiaccio penetrassero da tutti i pori della mia pelle, fino al midollo delle ossa. La cosa durò pochissimo tempo, forse qualche secondo, e poi non sentii più nulla. Allora, il mio interlocutore si alzò e disse:

"Può venire, siamo arrivati".

Lo seguii sulla piccola scala. L'apparecchio si era immobilizzato in uno spazio circolare di aspetto metallico, di una quindicina di metri di diametro e una decina di metri d'altezza. Una porta si aprì e la mia guida mi disse di entrare. Mi venne chiesto di spogliarmi completamente e di restare in attesa di altre istruzioni. Mi ritrovai in un altro spazio circolare, privo del minimo spigolo, che doveva avere intorno ai quattro metri di diametro. Mi tolsi tutti i vestiti ed una voce mi disse di entrare nella stanza che si trovava di fronte a me. Subito, una porta si aprì ed entrai in un'altra stanza, simile a quella dove avevo lasciato i miei abiti, ma più allungata e che faceva un po' pensare ad un corridoio. Per tutta la sua lunghezza, c'erano delle luci di diversi colori, sotto le quali passai in sequenza. Allora, la voce mi disse che, seguendo le frecce che vedevo sul pavimento, sarei arrivato in un'altra sala dove mi attendeva un bagno. In quest'altra sala, trovai effettivamente una vasca da bagno incassata nel pavimento. L'acqua era tiepida al punto giusto e discretamente profumata. La voce mi consigliò allora di soddisfare i miei bisogni naturali, cosa che feci, e mi chiese poi di bere il contenuto di un bicchiere, posto su un tavolino che si trovava vicino alla parete metallica. Si trattava di un liquido bianco, deliziosamente profumato alle mandorle e molto fresco. Mi venne poi suggerito di indossare una specie di pigiama molto morbido che sembrava fatto di seta. Era bianco, molto delicato al tatto, e mi aspettava appoggiato su un altro ripiano. Infine, si aprì un'ultima porta e ritrovai la mia guida, accompagnata da altri due esseri a lei simili ma dai lineamenti diversi, per quanto anch'essi molto cordiali.

Li raggiunsi in una vasta sala, dove tutto era semplicemente meraviglioso. Era disposta su vari livelli e doveva avere in totale un centinaio di metri di diametro. Era interamente ricoperta da una cupola assolutamente trasparente, talmente trasparente che, a prima vista, non sembrava nemmeno che ci fosse una cupola. Migliaia di stelle erano sparse nel cielo nero e, tuttavia, l'intera sala era illuminata, come in pieno giorno, da una luce piacevole e dall'aspetto naturale. Il pavimento era coperto da pellicce e da tappeti a pelo lungo, dai colori strabilianti ed incantevoli.

Dappertutto, vi erano opere d'arte, una più splendida dell'altra, alcune delle quali avevano colori cangianti e vivaci; notai poi, posizionate qui e là, alcune piante di un rosso vivo ed altre blu, belle come pesci esotici ed alte parecchi metri. Una musica d'ambiente, fatta di suoni simili a quelli di un organo ed alle vibrazioni di una lama metallica, accompagnata da cori e da bassi dalle vibrazioni straordinariamente avvincenti, faceva muovere i fiori al suo ritmo, cambiandone i colori secondo lo stile della partizione.

Ogni volta che qualcuno parlava, la musica si abbassava dolcemente di volume, per far sì che ci si potesse capire senza essere disturbati e senza dover alzare la voce. Infine, l'aria era profumata di mille fragranze, che cambiavano anch'esse a seconda della musica e del luogo dove ci si trovava. La sala si divideva in una dozzina di aree separate, che si trovavano a vari livelli, e ciascuna di esse aveva un carattere particolare. Nel mezzo di tutto questo, serpeggiava un ruscelletto.

Allora, la mia guida, per la quale i suoi due amici sembravano avere molta attenzione e rispetto, mi disse:

"Mi segua. Andiamo ad accomodarci, poiché ho molte cose da dirle".

La seguii, fino a raggiungere un luogo dove c'era un insieme di poltrone e divani in pelliccia nera molto morbida, dove ci sedemmo tutti e quattro.

La mia guida allora parlò:

"Oggi le darò un secondo messaggio, che completerà quello che le ho dettato nel dicembre del 1973. Lei non ha niente con cui prendere appunti, ma non si preoccupi: tutto ciò che le dirò resterà impresso nella sua mente, perché disponiamo di una tecnologia che le permetterà di ricordare tutto ciò che sentirà. Innanzitutto, ci teniamo a complimentarci con lei per tutto ciò che ha fatto in questi due anni, ma la avvertiamo anche che il seguito della sua missione sarà forse più difficile. In ogni caso, non si scoraggi mai, perché sarà ricompensato dei suoi sforzi, qualunque cosa accada.

Per cominciare, bisogna rettificare un passo del messaggio che ha trascritto male, riguardo ad un eventuale intervento da parte nostra per distruggere l'umanità. Bisogna ben precisare che noi non interverremo mai. L'umanità arriva ora ad una svolta nella sua storia ed il suo avvenire dipende unicamente da lei.

Se saprà controllare la sua aggressività nei confronti di se stessa e dell'ambiente in cui si trova, giungerà nell'era d'oro della civilizzazione interplanetaria, per vivere nella felicità e nel risveglio universali. Se invece si lascerà andare alla violenza, si autodistruggerà, direttamente o indirettamente.

Non c'è problema scientifico o tecnico insormontabile per il genio umano, a condizione che il genio umano venga messo al potere. Un essere dal cervello carente può minacciare la pace del mondo, come un essere geniale può apportargli la felicità. Tanto prima metterete in pratica la geniocrazia, tanto prima eliminerete i rischi di un cataclisma dovuto a degli esseri dal cervello poco evoluto.

Nel caso un cataclisma distruggesse l'umanità, solo le persone che la seguono saranno salvate. Queste dovranno, in seguito, ripopolare la Terra devastata quando tutto il pericolo sarà allontanato, come già accadde all'epoca di Noè".

# Il buddhismo

Il buddhismo spiega che, al momento della morte, "l'anima" del morente dev'essere abbastanza vigile per sfuggire ai numerosi "demoni", altrimenti si reincarna, ricadendo così nel ciclo. Se invece riesce a sfuggire a questi famosi demoni, essa sfugge al ciclo stesso, raggiungendo lo stato di beatitudine attraverso il risveglio. In effetti, questa è un'ottima descrizione che si applica non all'individuo, ma all'umanità tutta intera, la quale deve resistere ai demoni che possono farla ricadere nel ciclo ogni qual volta essa è in grado di scegliere. Questi demoni consistono nell'aggressività contro i propri simili e contro la natura nella quale si vive, e lo stato di beatitudine attraverso il risveglio è rappresentato dall'era d'oro della civilizzazione, dove la scienza viene messa al servizio degli esseri umani. Si tratta del "paradiso terrestre", dove i ciechi possono vedere e dove i sordi possono sentire grazie alla scienza. Il non esser stati sufficientemente diffidenti nei confronti di questi "demoni" trascina l'umanità in una caduta verso la "reincarnazione".

Questo, ancora una volta, conduce gli esseri umani a dover lentamente progredire da una condizione di primitività in un mondo ostile verso una fase evoluta di civilizzazione, con tutto ciò che ne consegue in fatto di sofferenza. È per questa ragione che nel nostro simbolo è raffigurata la svastica, o croce gammata, che è presente in numerosi scritti antichi e rappresenta il ciclo. Si tratta della scelta tra il paradiso, conseguente all'impiego pacifico delle conoscenze scientifiche, e l'inferno di un ritorno allo stato primitivo, dove l'essere umano subisce la natura invece di dominarla per trarne beneficio.

In un certo senso, su scala cosmica, siamo di fronte ad una selezione naturale delle specie che sono in grado di allontanarsi dal proprio pianeta. Solo quelle che dominano perfettamente la propria aggressività possono pervenire a questo stadio. Le altre si autodistruggono, non appena giungono ad un livello scientifico e tecnologico che consente loro di inventare armi abbastanza potenti per farlo.

Ecco perché noi non temiamo mai gli esseri che arrivano da altri mondi per contattarci. Migliaia di contatti hanno confermato questa regola assoluta nell'universo: gli esseri capaci di allontanarsi dal proprio sistema planetario sono sempre pacifici. Quando si è in grado di sfuggire al proprio sistema planetario, significa che si è anche sfuggiti al ciclo progresso-distruzione, causato dall'incapacità di controllare la propria aggressività nel momento in cui si scoprono le più importanti risorse energetiche. Queste risorse permettono sì di intraprendere viaggi al di fuori del proprio sistema solare, ma possono anche consentire la fabbricazione di armi offensive dai poteri distruttivi irreversibili.

Per muovervi in questa direzione, la Francia, la regione del globo terrestre in cui lei vive e che si trova già sulla buona strada nel tentativo di realizzare l'Europa unita, dovrebbe essere la prima nazione senza un esercito. In tal modo, essa diverrebbe un esempio per il mondo intero. I suoi militari di carriera potrebbero gettare le basi di un esercito europeo per il mantenimento della pace, nell'attesa di trasformarlo in un esercito mondiale per il mantenimento della pace. Invece di essere dei guardiani della guerra, i militari diverrebbero dei guardiani della pace, titolo che merita infinitamente più rispetto.

È necessario che un paese importante mostri agli altri la strada da seguire. Non sarà certo perché la Francia non avrà più un servizio militare obbligatorio e metterà i suoi militari di carriera al servizio dell'Europa che cerca di costruire, che i paesi vicini la invaderanno. Al contrario, questo li condurrebbe molto presto a seguire la via tracciata dal suo paese e ad imitarla.

Una volta realizzata l'Europa militare, resterebbe soltanto da realizzare l'Europa economica, creando una moneta europea unica. In seguito, bisognerebbe applicare lo stesso processo al mondo intero, aggiungendo, come le avevamo già detto nel primo messaggio, una lingua mondiale unica, che andrebbe insegnata obbligatoriamente in tutte le scuole della Terra. Se c'è un paese che deve mostrare la via, questo è la Francia.

È esaltando una "forza di dissuasione" che si accumulano le armi per la propria distruzione. Se tutti vogliono dissuadere qualcuno (praticamente non si sa mai chi), si rischia che questa "forza di dissuasione" si trasformi, con un malaugurato gesto, in una forza d'intervento, fatale per tutto il mondo.

È pensando al passato che gli esseri umani guardano all'avvenire. Questo è un errore. Bisogna ridere del passato e costruire il presente per l'avvenire, anziché costruire il presente sul passato. Dovete ben comprendere che soltanto da trent'anni gli esseri umani dei paesi più evoluti non sono più totalmente primitivi. Voi ne state appena uscendo. Esistono ancora milioni di persone sulla Terra, che vivono in uno stato di primitività e sono incapaci di avvistare qualcosa nel cielo senza vedervi una manifestazione "divina". D'altra parte, sapete bene che le religioni deiste sono ancora molto forti in tutti i paesi economicamente poco sviluppati.

Non bisogna avere il culto degli anziani, bensì il culto dell'intelligenza, facendo di tutto perché i vecchi abbiano una vita gradevole. I vostri lontani antenati non solo non devono essere rispettati, ma devono essere mostrati come esempio di poveri primitivi limitati, che non hanno saputo aprirsi sull'universo e che hanno trasmesso, di generazione in generazione, solo pochissime cose valide.

# Né dio né anima

Più un popolo è primitivo, più vi fioriscono le religioni deiste. D'altronde, questo stato di cose è mantenuto dai visitatori che giungono da altri pianeti e che hanno soltanto questo mezzo per visitare tranquillamente i mondi che non hanno ancora dominato la propria aggressività. Se, prossimamente, giungerete a questo stadio di visitatori evoluti di mondi primitivi, sarete costretti voi stessi ad utilizzare questo sistema, tra l'altro molto divertente, che consiste nel farsi passare per delle divinità ai loro occhi. Del resto, questa è una cosa estremamente semplice da fare, poiché, per dei primitivi, tutto ciò che proviene dal cielo non può essere altro che una manifestazione divina… Talvolta, bisogna esagerare un po' per essere rispettati e ricevuti benevolmente, il che non guasta. D'altra parte, noi continuiamo a fare delle "apparizioni" sulla Terra per vedere se questo fa ancora presa e quali sono le reazioni dei poteri pubblici, dei governanti e della stampa. La cosa, spesso, ci diverte molto…

Come le abbiamo spiegato nel primo messaggio, non esiste alcun dio e, evidentemente, nemmeno un'anima. Dopo la morte non c'è niente, se la scienza non fa niente perché vi sia qualcosa. Come voi sapete, è possibile ricreare un essere morto a partire da una sua cellula, che contiene il piano fisico ed intellettuale dell'essere di cui fa parte. Si è potuto constatare che un essere perde qualche grammo al momento della morte. In realtà, si tratta proprio dell'energia di cui dispone tutto l'essere vivente e che, in quel preciso istante, si disperde. E come lei sa, l'energia è pesante, proprio come la materia. Sa anche che noi abbiamo scoperto come nell'infinitamente piccolo esista vita intelligente ed organizzata, certamente tanto evoluta quanto la nostra e comparabile a ciò che noi stessi siamo. Questo abbiamo potuto provarlo. Partendo da qui, abbiamo scoperto che le stelle ed i pianeti sono gli atomi di un essere gigantesco, che certamente contempla con curiosità altre stelle. È anche molto probabile che gli esseri che vivono nell'infinitamente piccolo dell'essere infinitamente grande, ed i loro simili, abbiano conosciuto periodi in cui credevano in un "buon dio" immateriale.

Dovete ben comprendere che tutto è nel tutto. In questo momento, in un atomo del vostro braccio, milioni di mondi nascono ed altri muoiono, credendo o no in un dio e ad un'anima. E mentre è trascorso un millennio, l'essere gigantesco, di cui il sole è un atomo, ha avuto solo il tempo di compiere un passo. In effetti, il tempo è inversamente proporzionale alla massa, o piuttosto al livello della forma di vita. Ma tutto nell'universo è vivo, ed è in armonia con l'infinitamente grande e con l'infinitamente piccolo. La Terra è viva come tutti i pianeti, e per la piccola muffa che è l'umanità è difficile rendersene conto, a causa dello spostamento temporale causato dall'enorme differenza di massa, che vi impedisce di captarne le palpitazioni. Uno dei nostri globuli rossi, o meglio, uno degli atomi che costituiscono il nostro corpo, non potrebbe mai immaginare di formare un essere vivente, assieme ai suoi simili. Alla fine, poco importa del singolo, l'equilibrio universale è costante; ma se vogliamo essere felici al nostro livello, dobbiamo vivere in armonia con l'infinitamente grande, con l'infinitamente piccolo e con i nostri simili.

Ogni argomento che cerchi di sostenere l'esistenza di un qualche dio, o di un'anima, crolla non appena si intravede, per quanto poco, l'infinità dell'universo. Non può esserci alcun paradiso in alcun posto, dal momento che l'universo è infinito e non può avere un centro. D'altra parte, come le ho spiegato in precedenza, non ci può essere comunicazione tra entità infinitamente grandi ed universi di entità infinitamente piccole, a causa di una differenza di massa troppo elevata che crea una differenza altrettanto elevata nello scorrere del tempo. Infine, se si immagina "un'anima immortale" che sfugga al corpo dopo la morte, immagine molto poetica ma un po' ingenua, poiché partorita da cervelli primitivi, non si può concepire un luogo dove essa si rechi, data l'infinità dell'universo. Al momento della morte, questa quantità di energia si invola e si disperde in modo disordinato, mescolandosi a tutte le energie in sospensione nell'atmosfera e perdendo così ogni identità. Evidentemente, quest'identità si trovava impressa nella materia *organizzata* all'interno delle cellule dell'essere vivente che stava per morire. La materia si era infatti organizzata seguendo uno specifico progetto definito dai geni del maschio e della femmina nel momento della concezione, quando si è formata la prima cellula.

Per quanto riguarda l'origine della vita sulla Terra, alcuni potrebbero affermare: "La vostra spiegazione non cambia niente, poiché non potete dire cosa c'era all'inizio"; si tratta di un'osservazione stupida, che prova come la persona che pone una tale domanda non abbia preso coscienza dell'infinito che esiste nel tempo e nello spazio. Nella materia, non esiste né un inizio né una fine, poiché "niente si perde, niente si crea, tutto si trasforma", come certamente avrete già sentito dire. Solo le forme possono cambiare, a seconda della volontà di coloro che raggiungono un livello scientifico sufficiente.

La stessa cosa vale per l'infinito nei livelli di vita, che è rappresentato nella seconda parte del nostro emblema, la stella di Davide. Essa è composta da due triangoli intrecciati l'uno con l'altro e significa: "Ciò che sta in alto è come ciò che sta in basso". Insieme alla svastica, o croce gammata, che significa "tutto è ciclico" e che è inserita al centro della stella a sei punte, voi avete il nostro simbolo nella sua totalità. Questo simbolo racchiude tutta la saggezza del mondo*. Del resto, potete ritrovare questi due simboli riuniti in molti scritti antichi, come ad esempio nel Bardo Thodol, il Libro Tibetano dei Morti.

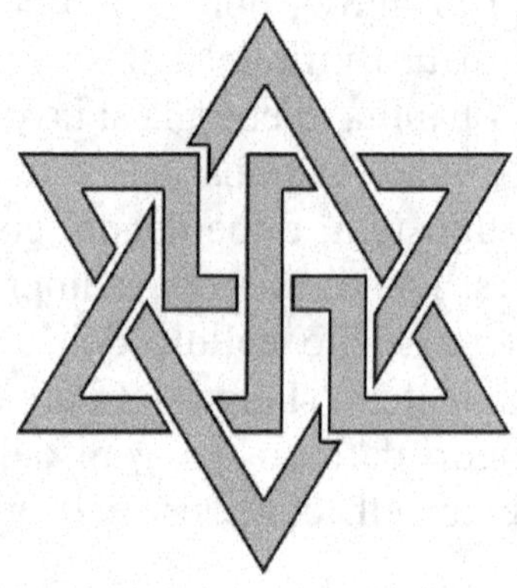

*Questo è il simbolo della civiltà degli Elohim. Esso è formato da due triangoli incrociati (la stella di Davide) e da una svastica al centro. Questo simbolo significa "ciò che è in alto è come ciò che è in basso" e "tutto è ciclico". La stella di Davide rappresenta l'infinito nello spazio, nell'infinitamente grande e nell'infinitamente piccolo, mentre la svastica rappresenta l'infinito nel tempo, l'eternità. Si tratta certamente del simbolo più antico apparso sul nostro pianeta, proprio perché si tratta del simbolo della civiltà extraterrestre degli Elohim, che ha creato ogni forma di vita sulla Terra.

È indubbiamente molto difficile, per un cervello umano "finito", prendere coscienza dell'infinito, il che spiega il bisogno di limitare l'universo nel tempo e nello spazio, attraverso credenze in uno o più dèi che si rendono responsabili di ogni cosa. In effetti, gli esseri che non giungono ad un sufficiente livello di umanità e di umiltà di fronte all'universo, possono difficilmente ammettere il concetto di infinito, che rende l'essere umano non qualcosa di eccezionale, ma un essere qualunque, situato in un tempo qualunque e in un luogo qualunque dell'universo infinito. Evidentemente, l'essere umano preferisce le cose ben definite, ben delimitate, in qualche modo "limitate" ad immagine del proprio cervello. Quelli che si chiedono se è possibile che esista vita su altri pianeti sono il più bell'esempio di questi cervelli limitati. Il paragone che lei ha fatto durante una delle sue conferenze, tra queste persone e delle rane che, dal fondo del loro stagno, si domandano se c'è vita negli altri stagni, ci è molto piaciuto.

# Il paradiso terrestre

In pochissimo tempo, potreste vivere in un vero e proprio paradiso terrestre, se la tecnologia di cui oggi disponete venisse messa al servizio del benessere delle persone, anziché essere al servizio della violenza, dei militari e del profitto personale di pochi. La scienza e la tecnica non soltanto possono liberare gli esseri umani dal tormento della fame nel mondo, ma possono anche permettere loro di vivere senza aver bisogno di lavorare, dato che le macchine possono prendersi carico, in modo autonomo, dei fabbisogni quotidiani, grazie all'automazione. Già oggi, nelle vostre fabbriche più moderne, basta una sola persona per sorvegliare un computer, che dirige e realizza tutte le operazioni di fabbricazione di una vettura, mentre, fino a non molto tempo fa, erano necessarie diverse centinaia di persone per fabbricare un'automobile. In avvenire, non ci sarà più nemmeno bisogno di questa sola persona. Allora, i sindacati degli operai non saranno per nulla contenti, perché la fabbrica avrà sempre meno bisogno di personale e ne licenzierà sempre di più. Qui sta la cosa anormale. Queste macchine fantastiche, che fanno il lavoro di cinquecento persone, devono permettere a queste cinquecento persone di vivere, anziché servire ad ingrassare una sola persona: il padrone. Nessun essere umano dev'essere al servizio di un altro, né lavorare per un altro in cambio di un salario. Le macchine possono benissimo compiere le mansioni pesanti e prendersi carico di tutti i lavori, permettendo così all'essere umano di consacrarsi alle sole cose per cui è stato fatto: pensare, creare, realizzarsi e schiudersi come un fiore. Questo è ciò che succede sul nostro pianeta.

Non dovete più crescere i vostri bambini secondo questi tre vecchi e primitivi precetti: lavoro, famiglia e patria. Dovete, al contrario, crescerli secondo i seguenti: realizzazione personale, libertà e fraternità universale. Il lavoro non ha niente di sacro quando è motivato soltanto dalla necessità di guadagnarsi da vivere penosamente. È anche terribilmente avvilente vendersi, vendere la propria vita per poter mangiare, svolgendo lavori che semplici macchine possono eseguire. La famiglia è sempre stato un mezzo adottato da schiavisti, vecchi e nuovi, per obbligare la gente a lavorare più duramente, nell'ottica di un chimerico ideale familiare. La patria, infine, non è altro che uno strumento aggiuntivo per creare competizione tra gli uomini e portarli tutti i giorni, con più ardore, verso il sacrosanto lavoro. D'altronde, questi tre valori - lavoro, patria e famiglia - sono sempre stati sostenuti dalle religioni primitive. Ma voi, oggi, non siete più dei primitivi! Scrollatevi di dosso questi vecchi principi, non più al passo con i tempi, ed approfittate della vita su questa Terra che la scienza può trasformare in un paradiso!

Non lasciatevi imbrigliare da coloro che vi parlano di un eventuale nemico, per consentire alle fabbriche di armamenti di far lavorare operai mal pagati che costruiscono armi distruttive a beneficio di grossi industriali! Non lasciatevi ingannare da coloro che, con aria inorridita, vi parlano di denatalità, perché i giovani hanno capito che non è necessario avere troppi figli e che è meglio averne pochi, affinché siano felici e non troppo numerosi sulla terra. Non lasciatevi irretire da coloro che, ancora una volta, vi brandiscono sotto il naso lo spauracchio dei "popoli vicini che si moltiplicano e che potrebbero diventare una minaccia"! Questi sono gli stessi che favoriscono l'accumulo di armi atomiche, con il pretesto della "dissuasione". Infine, non lasciatevi convincere da coloro che vi dicono che il servizio militare permette d'imparare a servirsi di un fucile e che "questo può sempre servire". Mentre accumulano missili nucleari, vogliono soltanto insegnarvi la violenza, vogliono programmarvi a non avere paura di uccidere un essere umano come voi solo perché indossa un'altra uniforme, facendo in modo che, a forza di esercitarvi contro dei bersagli d'allenamento, diventi per voi un gesto meccanico.

Non lasciatevi incantare da coloro che vi dicono che è necessario battersi per la patria! Nessuna patria lo merita. Non lasciatevi influenzare da coloro che vi dicono: "Se dei nemici invadessero il nostro paese non dovremmo forse difenderci?". Rispondete loro che la non violenza è sempre più efficace della violenza. Non è stato mai provato che quelli che sono "morti per la Francia" abbiano avuto ragione, qualunque sia stato il grado d'aggressività dell'aggressore. Guardate il trionfo di Gandhi in India. Vi diranno che bisogna battersi per le proprie libertà, ma dimenticano che i Galli hanno perso la guerra contro i Romani e che oggi i Francesi non si sentono più a disagio ad essere i discendenti dei vinti, avendo beneficiato della civiltà dei vincitori. Vivete piuttosto nella realizzazione personale, nella libertà e nell'amore, anziché ascoltare tutti questi esseri ottusi ed aggressivi.

L'accessorio più importante che avete a disposizione per agevolarvi nel raggiungimento di una pace universale durevole è la televisione, vera coscienza planetaria. Essa permette di vedere ciò che accade, ogni giorno, in tutti i punti del globo e di rendervi conto che i "barbari" che abitano al di là della frontiera vivono le stesse gioie, le stesse pene e gli stessi problemi di tutti gli altri. Permette di conoscere i progressi della scienza, di ammirare le più recenti creazioni artistiche, ecc. È necessario, evidentemente, che questo meraviglioso organo di diffusione e di comunicazione non cada nelle mani di persone che se ne servono per condizionare le folle ed orientarne l'informazione. Potete davvero considerare la televisione come il sistema nervoso dell'umanità, che consente ad ognuno di prendere coscienza dell'esistenza degli altri e di vederli vivere, evitando così di farsi false idee sul loro conto e di alimentare la paura dello "straniero". In passato, c'è già stata la paura della tribù vicina, poi la paura del villaggio vicino, della nazione vicina. Oggi, c'è la paura della razza vicina e, se questa non ci fosse, ci sarebbe la paura di eventuali invasori provenienti da un altro pianeta... Bisogna, al contrario, essere aperti su tutto ciò che proviene da altri luoghi, poiché ogni paura dello straniero è prova di un livello primitivo di civiltà. In questo senso, la televisione, così come la radio, è insostituibile e costituisce una delle tappe più importanti di tutta la civilizzazione. Infatti, essa permette a tutte le cellule isolate dell'umanità, gli esseri umani, di essere costantemente informate di ciò che fanno le altre, proprio come fa il sistema nervoso nel corpo di un essere vivente.

# L'altro mondo

Ma lei, senza dubbio, si chiederà dove si trova. Attualmente, è in una base situata relativamente vicino alla Terra. Nel primo messaggio, ha annotato che noi viaggiavamo ad una velocità sette volte superiore a quella della luce; questo era vero venticinquemila anni fa, quando siamo arrivati sulla Terra. Da allora, abbiamo fatto molti progressi ed ora viaggiamo nello spazio molto più velocemente. Abbiamo bisogno soltanto di qualche istante per effettuare il tragitto che, a quell'epoca, impiegavamo quasi due mesi a percorrere, e continuiamo a progredire. Se adesso vuole seguirmi, andiamo a fare un piccolo viaggio insieme.

Mi alzai e seguii le mie tre guide. Attraversammo una paratia e, in un'immensa sala, scoprii un apparecchio simile a quello con il quale ero venuto dalla Terra sin qui, ma molto più grande. Doveva avere una dozzina di metri di diametro esterno ed aveva quattro sedili all'interno, anziché due, disposti anch'essi uno di fronte all'altro. Come in precedenza, ci sedemmo e, ancora una volta, provai la stessa sensazione di freddo intenso, ma questa volta durò molto più a lungo, una decina di minuti circa. Poi l'apparecchio oscillò leggermente e ci dirigemmo verso il portello d'uscita. Potei scoprire un paesaggio meraviglioso, paradisiaco, e non trovo veramente alcun aggettivo per descrivere l'incanto procurato dalla visione di fiori immensi, gli uni più belli degli altri, tra i quali si muovevano animali inimmaginabili, uccelli dai piumaggi multicolori, scoiattoli rosa e blu, dalla testa di orsacchiotto, che si arrampicavano tra i rami di alberi carichi di enormi frutti e fiori giganteschi. Ad una trentina di metri dall'apparecchio, ci attendeva un piccolo gruppo di Elohim, e potei scorgere, dietro agli alberi, un insieme di costruzioni che si armonizzavano perfettamente con la vegetazione e che somigliavano a delle conchiglie dai colori vivaci. La temperatura era molto mite e l'aria era profumata di mille profumi di fiori esotici. Ci incamminammo verso la sommità di una collina ed il panorama che cominciava ad apparirmi era meraviglioso. Innumerevoli ruscelletti serpeggiavano fra una lussureggiante vegetazione ed un oceano azzurro scintillava al sole, in lontananza. Arrivando in una radura, scoprii con stupore un gruppo di esseri umani simili a me, cioè esseri umani simili a quelli che vivono sulla Terra, e non agli Elohim. Per la maggior parte, erano nudi oppure vestiti con tuniche fatte di sete multicolori. S'inchinarono rispettosamente davanti alle mie tre guide e, poi, ci sedemmo tutti su delle poltrone apparentemente scolpite nella pietra e rivestite con spesse pellicce che, nonostante il calore, restarono sempre molto fresche e piacevoli. Alcuni uomini, uscendo da una piccola caverna che si trovava proprio di fianco a noi, si avvicinarono portando dei piatti che traboccavano di frutti, di carni arrostite accompagnate da salse, le une più squisite delle altre, e da bevande dai profumi indimenticabili. Dietro ad ogni commensale, due degli uomini che portavano le pietanze si tenevano sempre pronti a soddisfare il minimo desiderio di coloro che si ristoravano. Questi ultimi, d'altro canto, richiedevano ciò che desideravano, senza prestare loro attenzione. Durante il pasto, iniziò a diffondersi una musica incantevole che proveniva da non so dove, e delle giovani donne, dalle forme tanto scultoree quanto quelle dei camerieri, si misero a danzare nude, con grazia incomparabile, sul prato circostante.

Oltre alle mie tre guide, dovevano esserci una quarantina di commensali simili agli esseri umani della Terra. C'erano dei bianchi, dei gialli, dei neri, uomini e donne, e tutti parlavano una lingua che non capivo, ma che assomigliava all'ebraico.

Ero seduto alla destra dell'Eloha che avevo incontrato due anni prima ed alla sinistra di altri sei Elohim. Di fronte a me, era seduto un giovane uomo barbuto, molto bello e molto snello, dal sorriso misterioso e dallo sguardo pieno di fraternità. Alla sua destra, c'era un uomo dal viso nobile, che sfoggiava una lunga barba molto folta e molto nera. Alla sua sinistra, c'era un uomo più corpulento e dai lineamenti asiatici. Aveva il cranio rasato.

# Presentazione agli antichi profeti

Verso la fine del pranzo, la mia guida cominciò a parlarmi:

"Nel mio primo messaggio, le avevo parlato di una residenza che si trovava sul nostro pianeta dove, grazie al segreto scientifico dell'eternità, che possiamo ottenere a partire da una cellula, erano mantenuti in vita alcuni esseri umani della Terra, fra i quali Gesù, Mosè, Elia, ecc. In effetti, questa residenza è molto grande, visto che si tratta di un intero pianeta sul quale vivono anche i membri del consiglio degli eterni. Il mio nome è Jahvè e sono il presidente del consiglio degli eterni. Sul pianeta dove in questo momento ci troviamo, vivono oggi ottomilaquattrocento terrestri, persone che, durante la loro vita, hanno acquisito un sufficiente livello di apertura mentale sull'infinito o che hanno permesso all'umanità terrestre di allontanarsi dal proprio livello primitivo, con le loro scoperte, i loro scritti, il loro modo di organizzare la società, con i loro atti esemplari di fraternità, il loro amore e il loro disinteresse. Poi, ci sono i settecento Elohim, membri del consiglio degli eterni. Qualunque sarà l'esito della sua missione, lei ha il suo posto riservato qui, tra noi, in questo vero piccolo "paradiso", dove tutto è facile grazie alla scienza e dove noi tutti viviamo felici ed eternamente. Dico bene, proprio eternamente, dal momento che qui, come sulla Terra, abbiamo creato ogni forma di vita ed iniziamo a comprendere perfettamente la vita dell'infinitamente grande, vale a dire dei pianeti, riuscendo a individuare i sintomi di invecchiamento dei sistemi solari. Questo ci permetterà di lasciare questo "paradiso" per crearne un altro altrove, quando avremo delle apprensioni sulla sua sopravvivenza.

Qui, i terrestri e gli Elohim che vivono eternamente, possono realizzarsi come desiderano, senza avere nient'altro da fare se non ciò che piace loro, come, ad esempio, ricerca scientifica, meditazione, musica, pittura, ecc. Possono anche non fare assolutamente nulla, se ne hanno voglia!

I servitori che poco fa ha visto portare i vassoi, così come le danzatrici, sono soltanto dei robot biologici. Vengono di fatto fabbricati sulla base degli stessi princìpi che abbiamo utilizzato per creare gli esseri umani della Terra, in una maniera al cento per cento scientifica, ma sono volontariamente limitati ed assolutamente sottomessi a noi. D'altra parte, sono incapaci di agire senza che gli si dia un ordine e sono molto specializzati. Non hanno alcuna aspirazione personale e non provano alcun piacere, salvo alcuni la cui specializzazione lo esige. Essi invecchiano e muoiono come noi, ma la macchina che li fabbrica può produrne molti più di quanti ne occorrano. Inoltre, sono incapaci di soffrire, di provare dei sentimenti e non possono riprodursi autonomamente. La durata della loro vita è simile alla nostra, cioè, grazie ad un piccolo intervento chirurgico, di circa settecento anni. Quando uno di loro deve essere distrutto perché troppo vecchio, la macchina creatrice ne produce uno o diversi altri, a seconda dei nostri bisogni. Escono dalla macchina pronti per funzionare e nella loro statura normale, dal momento che non hanno né crescita né infanzia. Sanno fare una sola cosa, obbedire agli esseri umani e agli Elohim, e sono incapaci della minima violenza. Sono tutti riconoscibili dalla piccola pietra blu che portano, uomini e donne, fra gli occhi. Si occupano di tutti i bassi bisogni e svolgono tutti i lavori che non presentano alcun interesse. Sono prodotti, mantenuti e distrutti nel sottosuolo, dove peraltro questi robot effettuano tutti i lavori di manutenzione, assieme ad enormi calcolatori che gestiscono tutte le questioni di alimentazione, di fornitura di materie prime, di energia, ecc. In media, ciascuno ne ha una decina al proprio servizio. Dal momento che noi siamo un po' più di novemila, tra terrestri ed Elohim, ce ne sono in permanenza circa novantamila, maschi e femmine.

Come accade per gli Elohim che sono membri del consiglio degli eterni, i terrestri eterni non hanno il diritto di avere figli ed accettano di subire un piccolo intervento che li rende sterili, ma questa sterilità potrebbe facilmente venire annullata. Questa disposizione ha come scopo di evitare che degli esseri che non lo meritano si uniscano a noi in questo paradiso. Per contro, gli uomini e le donne eterni possono unirsi liberamente, come lo desiderano, ed ogni gelosia è soppressa.

Gli uomini che desiderano avere una o più compagne al di fuori dei rapporti di uguaglianza che esistono tra uomini e donne eterni o che non vogliono vivere con una donna su un piano di uguaglianza, possono, del resto, avere una o più donne "robot biologici" assolutamente sottomesse ed alle quali la macchina dà esattamente il corpo che si desidera. La stessa cosa vale per le donne, che possono avere uno o più "robot biologici" maschi assolutamente sottomessi.

La macchina che produce questi robot fornisce con esattezza, all'entità che fabbrica, il fisico e la specializzazione che si desidera. Esistono diversi tipi di donne e di uomini "ideali" dal punto di vista delle forme e della fisionomia, ma è possibile modificare a piacimento statura, dimensioni, forma del viso, ecc. Si può anche fornire la foto di un essere che, ad esempio, si è ammirato o amato sulla Terra, e la macchina ne riproduce una replica esatta.

In tal modo, i rapporti tra gli eterni dei due sessi sono molto più fraterni e rispettosi, e le unioni tra loro sono meravigliosamente pure ed elevate.

Dato lo straordinario livello di apertura mentale degli esseri qui ammessi, non esistono mai problemi tra di loro. La maggioranza passa quasi tutto il tempo a meditare, a fare delle ricerche scientifiche, delle opere d'arte, delle invenzioni e delle creazioni di ogni tipo. Possiamo vivere in diverse città, dai molteplici stili architettonici, situate in mezzo a paesaggi molto vari che possiamo comunque modificare a nostro piacimento. Ognuno si realizza come desidera, facendo unicamente ciò che gli dà piacere. Alcuni provano piacere a realizzare delle esperienze scientifiche, altri a fare della musica, altri a creare degli animali sempre più sorprendenti, altri a meditare o a non fare altro che l'amore, godendo dei numerosi piaceri di questa natura paradisiaca, bevendo alle innumerevoli fontane e mangiando i frutti succulenti che crescono un po' ovunque ed in ogni momento. Qui non c'è inverno e viviamo tutti in una regione comparabile al vostro equatore. Dato però che possiamo agire scientificamente sulla meteorologia, c'è sempre bel tempo e non fa mai troppo caldo. Facciamo cadere la pioggia di notte, quando e dove vogliamo.

Tutto questo, e molte altre cose che non potrebbe comprendere tutte in una sola volta, fanno di questo mondo un vero paradiso. Qui ognuno è libero e può esserlo senza pericolo, poiché tutti meritano questa libertà.

Tutto ciò che crea piacere è positivo, a condizione che questo piacere non nuoccia effettivamente a nessuno. È per questo che tutti i piaceri sensuali sono positivi, poiché la sensualità rappresenta sempre un'apertura sul mondo esterno e tutte le aperture sono buone. Voi, sulla Terra, vi state appena liberando da tutti quei tabù primitivi che vogliono fare apparire come un male tutto ciò che riguarda il sesso o la nudità, quando, in ogni caso, non v'è niente di più puro. Cosa c'è di più deludente, per i vostri creatori, del vedere la gente dire che la nudità è qualcosa di male. La nudità, l'immagine di ciò che abbiamo creato! Come può vedere, qui tutti sono nudi e coloro che portano delle vesti lo fanno perché si tratta di opere d'arte donate loro da altri eterni, che le hanno realizzate con le proprie mani, o per desiderio di eleganza e di ornamento.

Quando un terrestre viene ammesso nel mondo degli eterni, per prima cosa gli viene fatto seguire un tirocinio di educazione chimica, affinché niente qui lo sorprenda e possa comprendere con chiarezza dove si trova e perché".

La mia guida, Jahvè, s'interruppe un istante, poi riprese:

"In questo momento, lei è seduto di fronte a colui che, duemila anni fa, fu incaricato di creare un movimento destinato a diffondere più ampiamente il messaggio che abbiamo lasciato al popolo d'Israele, diffusione che deve permetterle di essere attualmente compreso. Si tratta di Gesù, che abbiamo potuto ricreare a partire da una cellula che abbiamo preservato prima della sua crocifissione".

Il bel giovane uomo barbuto che era seduto proprio di fronte a me mi rivolse un sorriso pieno di fraternità.

"Alla sua destra, si trova Mosè, alla sua sinistra Elia. Alla sinistra di Gesù, è seduto colui che sulla Terra viene ricordato con il nome di Buddha. Più in là può vedere Maometto, nei cui scritti vengo chiamato Allah, poiché non osava nominarmi per rispetto. La quarantina di uomini e di donne presenti a questo pranzo sono tutti degli esseri rappresentativi delle religioni create a seguito dei nostri contatti sulla Terra".

Mi guardavano tutti con un'espressione molto fraterna e divertita, ricordando certamente la propria sorpresa quando arrivarono in questo mondo. La mia guida continuò:

"Adesso le mostrerò alcune delle nostre installazioni".

Si alzò ed io lo seguii. Mi invitò ad indossare una cintura molto larga ed ornata di un'enorme fibbia. Lui e i suoi amici si erano allacciati lo stesso tipo di ornamento. Immediatamente, mi sentii sollevare dal suolo a circa venti metri di altezza, appena sopra le cime degli alberi, e trasportare in una direzione ben precisa a grande velocità, forse un centinaio di chilometri all'ora, forse più. I miei tre compagni erano con me, Jahvè davanti ed i suoi due amici dietro. Una cosa curiosa (tra le altre…) era che non sentivo assolutamente il vento sferzarmi il viso.

Ci posammo in una radura, vicino all'entrata di una piccola grotta. In realtà, eravamo sempre trasportati dalle nostre cinture, ma soltanto ad un metro dal suolo e ad una velocità di molto inferiore. Attraversammo delle gallerie dalle pareti metalliche ed arrivammo in una vasta sala, in mezzo alla quale c'era un'enorme macchinario, circondato da una decina di robot, riconoscibili dal loro ornamento frontale. Qui riprendemmo contatto con il suolo e ci togliemmo le nostre cinture. Allora, Jahvè parlò:

"Ecco la macchina che produce i robot biologici. Creeremo per lei uno di questi esseri".

Fece un segno ad uno dei robot che stavano vicini alla macchina e quest'ultimo ne toccò alcune parti. Poi mi indicò di avvicinarmi ad un vetro di circa due metri di lunghezza ed uno di larghezza. In un liquido bluastro, vidi allora vagamente delinearsi la forma di uno scheletro umano. Poi questa forma si definì sempre più nettamente, per diventare infine un vero scheletro. Successivamente, sulle ossa si disegnarono e si formarono dei nervi, dei muscoli e, infine, la pelle ed i capelli. Uno splendido atleta era ora sdraiato laddove, qualche minuto prima, non c'era niente. Jahvè parlò:

"Si ricordi di questa descrizione presente nell'Antico Testamento, in Ezechiele:

*Figlio d'uomo, queste ossa possono rivivere? (...) e ci fu un rumore, ed ecco che ci fu uno scompiglio... sulle ossa c'erano dei nervi, della carne cresceva e vi si distese sopra la pelle... presero vita e si levarono sui loro piedi, esercito assai numeroso.* (Ezechiele 37,3-10)

La descrizione che lei farà sarà sicuramente molto simile a quella che fece Ezechiele, a parte il rumore, che abbiamo potuto eliminare".

In effetti, ciò che avevo visto corrispondeva perfettamente alla descrizione di Ezechiele. Poi il personaggio che stava disteso scivolò verso sinistra, scomparendo completamente alla mia vista. Poco dopo, si aprì un portello e rividi la creatura, di cui assistetti alla creazione in qualche minuto, che giaceva sdraiata su un tessuto molto bianco. Era sempre immobile, ma, all'improvviso, aprì gli occhi e si alzò, scese dai gradini che lo separavano dal nostro livello e, dopo aver scambiato qualche parola con un altro robot, avanzò verso di me. A questo punto mi tese la mano, che io strinsi, e potei sentire la sua pelle morbida e tiepida.

Jahvè mi domandò:

"Ha con lei la foto di un essere caro?"

"Si, ho la foto di mia madre nel portafogli che è rimasto nei miei vestiti".

Me la mostrò e mi chiese se si trattasse di quella. Siccome annuii, la diede ad uno dei robot, il quale la introdusse nella macchina e toccò alcune parti dell'apparecchiatura. Di fronte al vetro, assistetti ad un'altra fabbricazione di un essere vivente. E quando la pelle iniziò a ricoprire la carne, mi resi conto di ciò che stava per essere generato. A partire dalla foto che avevo fornito, si stava formando una replica esatta di mia madre... Effettivamente, qualche istante più tardi, potei abbracciare mia madre, o piuttosto l'immagine di mia madre com'era dieci anni prima, dal momento che la foto che avevo fornito era vecchia di una decina d'anni. Jahvè mi disse:

"Adesso permetta che le venga fatta una piccola puntura sulla fronte".

Uno dei robot avanzò verso di me e, con l'aiuto di un piccolo strumento che assomigliava ad una siringa, mi fece una puntura sulla fronte che neanche avvertii, talmente era stata leggera. Poi introdusse questa siringa in un'enorme macchina, toccando altre parti dell'apparecchiatura. Ancora una volta, un essere si stava formando sotto i miei occhi. Quando la pelle ricoprì la carne, vidi un altro me stesso delinearsi a poco a poco. In effetti, l'essere che uscì dalla macchina era una replica esatta di me stesso. Jahvè mi disse:

"Come può constatare, quest'altro lei stesso non porta sulla fronte la piccola pietra che distingue i robot e che portava anche la replica di sua madre. A partire da una foto, siamo in grado soltanto di produrre una replica del fisico, con una personalità psichica nulla o quasi, mentre, a partire da una cellula come quella che le abbiamo prelevato tra gli occhi, possiamo realizzare una replica totale dell'individuo al quale abbiamo prelevato questa cellula, con i suoi ricordi, la sua personalità, il suo carattere, ecc. Noi potremmo adesso rimandare sulla Terra quest'altro lei stesso e nessuno si accorgerebbe di nulla. Distruggiamo immediatamente questa replica, poiché non ci è di nessuna utilità. Ma, in questo momento, vi sono due lei stesso che mi ascoltano e le personalità di questi due esseri iniziano a differenziarsi, poiché lei sa che vivrà e lui sa che sarà distrutto. Ma questo non lo preoccupa, perché sa di non essere altro che lei stesso. Questa è un'altra prova, se ve n'era di bisogno, dell'inesistenza dell'anima, alla quale credono certi primitivi, o di un'entità puramente spirituale propria di ogni corpo.

Lasciammo allora il luogo dove si trovava questa enorme macchina ed entrammo poi, attraverso un corridoio, in un'altra sala, dove si trovavano altre apparecchiature. Ci avvicinammo ad un'altra macchina.

"In questa macchina, sono contenute le cellule degli esseri malvagi che saranno ricreati per essere giudicati, quando il tempo sarà giunto. Tutti gli esseri che sulla Terra hanno predicato la violenza, la malvagità, l'aggressività, l'oscurantismo, coloro che, pur avendo in mano tutti gli elementi per comprendere da dove venivano, non hanno saputo riconoscere la verità, saranno ricreati per subire la punizione che meritano, dopo essere stati giudicati da coloro che hanno fatto soffrire, o dai loro ascendenti e discendenti.

A questo punto, lei si è meritato un po' di riposo. Questo robot le farà da guida e le metterà a disposizione tutto ciò che desidera, fino a domani mattina. Domani scambieremo ancora qualche parola e poi la riaccompagneremo sulla Terra. Avrà adesso un assaggio di ciò che l'attende quando la sua missione sulla Terra si sarà conclusa.

Vidi allora un robot venire verso di me e salutarmi rispettosamente. Era molto alto e molto bello, bruno e dal viso imberbe e sportivo.

# Un assaggio di paradiso

Il robot mi chiese se volevo vedere la mia camera. Acconsentii ed egli mi porse una di quelle cinture che servivano a spostarsi. Venni nuovamente trasportato sopra al terreno e, quando ripresi contatto con esso, mi trovai di fronte ad una casa che assomigliava più ad una conchiglia di San Giacomo (una capasanta o *Pecten jacobaeus,* N.d.T.) che ad un'abitazione. L'interno era completamente rivestito di pellicce dai lunghi peli ed un letto immenso, grande come almeno quattro letti terrestri, era come incassato nel pavimento ed era riconoscibile soltanto dal diverso colore delle pellicce che lo ricoprivano. In un altro angolo dell'immensa stanza, era stata installata, tra vegetali dalle forme e dai colori meravigliosi, un'enorme vasca da bagno, anch'essa incassata nel pavimento e grande come una piscina.

"Desidera delle compagne?" chiese il robot. "Venga a fare la sua scelta".

Rimisi la cintura e, ancora una volta, mi ritrovai trasportato davanti all'apparecchio che serviva a fabbricare i robot. Un cubo luminoso apparve di fronte a me. Venni invitato a sedermi davanti al cubo, su una poltrona, e mi venne dato un casco.

Quando mi fui accomodato, una magnifica e giovane ragazza bruna, dalle forme meravigliosamente armoniose, apparve nel cubo luminoso, in tre dimensioni. Si muoveva per mettere in valore la sua bellezza e, se non fosse stata in un cubo che fluttuava ad un metro dal suolo, avrei veramente creduto che fosse reale. Il mio robot mi chiese se mi piacesse e se desiderassi che avesse delle forme diverse, o un viso modificato. Gli dissi che la trovavo perfetta. Mi rispose che si trattava, esteticamente parlando, della donna ideale o piuttosto di uno dei tre tipi di donna ideale definiti dal computer in funzione dei gusti della maggioranza dei residenti del pianeta. Mi disse anche che avrei potuto richiedere tutte le modifiche che mi avrebbero fatto piacere. Di fronte al mio rifiuto di modificare alcunché in quella magnifica creatura, una seconda donna apparve nel cubo luminoso, bionda ed inebriante, diversa ma perfetta come la prima. Anche in questo caso, non trovai nulla da modificare. Infine, una terza e giovane persona, più sensuale delle prime due e con i capelli rossi, apparve in questo strano cubo. Il robot mi chiese se desiderassi vedere delle altre modelle o se questi tre tipi ideali, appartenenti alla mia razza, erano sufficienti. Ovviamente risposi che trovavo queste tre persone straordinarie.

A questo punto, apparve nel cubo una magnifica nera. Poi, una cinese molto fine e slanciata e, infine, una giovane orientale voluttuosa. Il robot mi chiese quale persona desiderassi avere per compagna. Siccome gli risposi che mi piacevano tutte, si avvicinò alla macchina che fabbricava i robot e parlò un istante con uno dei suoi simili. Allora la macchina si mise in funzione e capii cosa stava accadendo.

Qualche minuto più tardi, ero di ritorno nella mia residenza con le mie sei compagne, dove feci il bagno più indimenticabile della mia vita, in compagnia di questi robot dal fascino assolutamente sottomesso a tutti i miei desideri. Il mio robot mi chiese poi se avessi voglia di creare della musica. Davanti alla mia risposta positiva, mi porse un casco simile a quello che avevo indossato precedentemente, durante la proiezione dei modelli di robot femminili. Il robot mi disse: "Ora pensi alla musica che le piacerebbe ascoltare". Immediatamente udii un suono che corrispondeva fedelmente alla musica a cui stavo pensando. A mano a mano che costruivo una melodia nella mia mente, essa diventava reale, con dei suoni di un'ampiezza e di una sensibilità straordinarie, come mai avevo ascoltato prima. Il sogno di tutti i compositori era una realtà: poter comporre direttamente delle musiche, senza dover passare attraverso il faticoso lavoro di scrittura e di orchestrazione.

Poi le mie sei adorabili compagne si misero a danzare una danza avvincente e voluttuosa sulle note della mia musica.

Infine, dopo un po', il mio robot mi chiese se desiderassi comporre anche delle immagini. Mi diede un altro casco e mi sedetti davanti ad uno schermo a forma di semicerchio. Mi misi allora ad immaginare delle scene, e queste scene venivano visualizzate sullo schermo. Si trattava di una visualizzazione immediata di tutti i pensieri che mi potessero venire in mente.

Mi misi a pensare a mia nonna, e lei apparve sullo schermo; pensai ad un mazzo di fiori, e questo apparve. Se avessi immaginato una rosa a pallini verdi, sarebbe anch'essa apparsa sullo schermo. Infatti, quest'apparecchio permetteva di visualizzare istantaneamente i pensieri senza doverli spiegare. Che meraviglia! Il mio robot mi disse: "Con un po' di esercizio, si riesce a creare e sviluppare una storia. Qui hanno luogo molti spettacoli di questo genere, spettacoli di creazione diretta".

Alla fine, me ne andai a letto e passai la notte più folle della mia esistenza con le mie meravigliose compagne.

L'indomani, mi alzai e feci un altro bagno profumato; poi un robot ci servì una deliziosa colazione. Mi chiese in seguito di seguirlo, perché Jahvè mi stava aspettando. Rimisi la mia cintura portante e, in pochissimo tempo, mi ritrovai di fronte ad una strana macchina. Lì mi attendeva il presidente del consiglio degli eterni. Questa macchina, pur essendo molto grande, era meno voluminosa di quella che creava i robot. Al suo centro, si trovava inserita una grande poltrona. Jahvè mi chiese se la mia notte era stata gradevole, poi mi spiegò:

"Questa macchina risveglierà in lei certe facoltà che sono addormentate. Il suo cervello potrà sfruttare tutto il suo potenziale. Si sieda qui".

Mi sedetti sul sedile che mi venne indicato ed una specie di conchiglia avvolse il mio cranio. Per un istante ebbi l'impressione di perdere coscienza, poiché la testa mi sembrava scoppiare e vedevo lampi multicolori passarmi davanti agli occhi. Infine, tutto cessò ed un robot mi aiutò a scendere dal sedile. Mi sentivo terribilmente diverso. Avevo l'impressione che tutto fosse semplice e facile. Jahvè parlò:

"A partire da questo momento, noi vedremo attraverso i suoi occhi, ascolteremo attraverso le sue orecchie e parleremo attraverso la sua bocca. Come già facciamo a Lourdes ed in altri posti nel mondo, attraverso le sue mani potremo guarire alcuni malati che riterremo meritevoli di essere aiutati, per la loro volontà di fare irradiare i messaggi che le abbiamo dato e per i loro sforzi nell'acquisire una mente cosmica, aperta sull'infinito. Noi osserviamo tutti gli esseri umani. Degli immensi computer assicurano una sorveglianza permanente di tutti gli umani che vivono sulla Terra. Ad ogni essere umano viene attribuita un'annotazione in funzione delle azioni compiute durante la sua vita, a seconda che abbia camminato verso l'amore e la verità o verso l'odio e l'oscurantismo. Quando giunge l'ora del bilancio finale, coloro che hanno camminato nella buona direzione hanno diritto all'eternità su questo pianeta paradisiaco. Coloro che, senza essere stati malvagi, non hanno fatto niente di positivo, non saranno ricreati. Per quanto riguarda quelli che sono stati particolarmente negativi, una cellula del loro corpo viene conservata per permetterci di ricrearli quando sarà giunto il momento, affinché vengano giudicati e subiscano la condanna che meritano. Voi, che state leggendo questo messaggio, pensate bene che potrete avere accesso a questo mondo meraviglioso, a questo paradiso. Vi sarete accolti, voi che seguirete il nostro messaggero e ambasciatore, Rael, sul cammino dell'amore universale e dell'armonia cosmica, voi che l'aiuterete a realizzare ciò che gli chiederemo, poiché noi vediamo attraverso i suoi occhi, ascoltiamo attraverso le sue orecchie e parliamo attraverso la sua bocca.

La sua idea di creare una congregazione di Guide dell'umanità è molto buona, ma sia severo nella loro selezione, affinché il nostro messaggio non venga mai deformato o tradito.

La meditazione è indispensabile per aprire la propria mente, ma l'ascesi è inutile. Bisogna gioire della vita con tutta la forza dei propri sensi, poiché il risveglio dei sensi va di pari passo con il risveglio della mente. Continui, se lo desidera e se ne avrà il tempo, a fare dello sport, poiché tutti gli sport e tutti i giochi sono una cosa buona, sviluppano la muscolatura e soprattutto il controllo di sé, come ad esempio l'automobile o la moto.

Quando un essere si sente solo, può sempre provare a comunicare telepaticamente con noi, cercando di mettersi in armonia con l'infinito: ne trarrà immenso benessere. Ciò che lei ha consigliato di fare in merito ad una riunione delle persone che credono in noi, in ogni regione, la domenica mattina verso le undici, è molto giusto. Pochi membri lo fanno attualmente.

I medium sono utili, cercateli ma equilibrateli, perché il loro dono di medianità (che non è altro che un dono di telepatia) li può squilibrare e li può portare a credere al "soprannaturale", alla magia e ad altre cose che non potrebbero essere più stupide, come ad esempio la credenza in un corpo etereo, un altro modo per cercare di alimentare la credenza in un'anima… che non esiste! Essi, in effetti, si mettono realmente in relazione con delle persone che sono vissute diversi secoli fa e che noi abbiamo ricreato su questo pianeta paradisiaco.

C'è un'importante rivelazione che può fare fin d'adesso: gli Ebrei sono i nostri diretti discendenti sulla Terra. È per questo che è loro riservato un destino particolare. Essi sono i discendenti dei figli degli Elohim e delle figlie degli uomini, come ne fa menzione la Genesi. Il loro errore originale fu quello di essersi uniti alla loro creazione scientifica; è per questo che hanno sofferto così a lungo. Ma per loro è venuto il momento del perdono ed ora potranno vivere tranquilli nel paese che hanno ritrovato, a meno che non commettano un nuovo errore, non riconoscendola come nostro inviato. Noi desideriamo che la nostra ambasciata terrestre venga edificata in Israele, in un territorio che vi donerà il governo. Se rifiutano, potrete costruirla altrove ed Israele subirà un nuovo castigo per non avere riconosciuto il nostro inviato.

Lei deve consacrarsi unicamente alla sua missione. Non sia inquieto, avrà di che far vivere la sua famiglia. Le persone che credono in lei, e quindi in noi, devono aiutarla. Lei è il nostro messaggero, il nostro ambasciatore, il nostro profeta. Lei ha, in ogni caso, il suo posto riservato qui, tra tutti gli altri profeti. Lei è colui che deve riunire gli esseri umani di tutte le religioni, poiché il movimento che ha creato, il Movimento Raeliano, dev'essere la religione delle religioni. Insisto, una vera e propria religione, ma una religione atea, come ha già capito.

Lei è il nostro ambasciatore, il nostro profeta; non dimenticheremo coloro che l'aiuteranno, così come non dimenticheremo coloro che le procureranno delle noie. Non abbia paura e non tema nessuno, poiché, qualunque cosa accada, lei ha il suo posto riservato fra noi. E scuota un po' quelli che perdono fiducia! Duemila anni fa, abbiamo inviato Gesù e chi credeva in lui veniva gettato nella fossa dei leoni. Oggi cosa rischiate? L'ironia degli imbecilli? Le risate di quelli che non hanno capito nulla e che preferiscono tenersi le proprie credenze primitive? Che cos'è questo paragonato alla fossa dei leoni? Cos'è tutto questo in rapporto a ciò che attende coloro che la seguiranno? In verità, è più facile che mai seguire il proprio intuito. Maometto, che è qui fra noi, diceva già questo nel Corano, parlando dei profeti:

*Si avvicina per gli uomini il momento della resa dei conti; tuttavia, nella loro noncuranza, essi si allontanano (dai loro creatori).*

*Non arriva un nuovo richiamo dei loro creatori che essi lo ascoltano soltanto per burlarsene.*

*Ed il loro cuore ne fa motivo di divertimento.*

*Coloro che fanno il male, si radunano in segreto dicendo:*

*Non è quest'uomo che un mortale come noi? (...)*

*È un mucchio di sogni. Egli li ha forgiati. È un poeta!*

*Ma che ci faccia un miracolo, come coloro che sono stati inviati nei tempi passati.* (Il Corano, Sura 21, versetti 1-5).

Già Maometto ebbe a soffrire dei sarcasmi di certuni, ed anche Gesù ebbe a soffrirne. Quando era sulla croce, alcuni dicevano:

*Se tu sei Figlio di Dio, scendi dalla croce! Anche i sommi sacerdoti, con gli scribi e gli anziani, lo schernivano: "Ha salvato gli altri, non può salvare se stesso. È il re d'Israele, scenda ora dalla croce e gli crederemo. Ha confidato in Dio; lo liberi lui ora, se gli vuol bene. Ha detto infatti: Sono Figlio di Dio!"* (Matteo 27,40-43).

Questo non impedisce che, come lei ha ben visto, Gesù stia a meraviglia, e per l'eternità, così come Maometto e tutti quelli che li hanno seguiti e che hanno creduto in loro. Quanto a coloro che li hanno criticati, saranno ricreati per subire la propria punizione.

I computer che sorvegliano gli esseri umani che non hanno preso conoscenza del messaggio sono collegati ad un sistema che, al momento della morte, automaticamente e a distanza, preleva una loro cellula, a partire dalla quale potranno, se lo meritano, essere ricreati.

Nell'attesa di edificare la nostra ambasciata, crei un monastero delle Guide del MADECH, vicino al luogo dove risiede. Lei che è il nostro profeta, la Guida delle Guide, potrà formarvi coloro che saranno incaricati di fare irradiare il nostro messaggio su tutta la Terra".

# I nuovi comandamenti

"Coloro che vogliono seguirla applicheranno le regole che ora le darò:

– Almeno una volta nella tua vita, ti presenterai di fronte alla Guida delle Guide, affinché egli trasmetta attraverso il contatto manuale, o faccia trasmettere da una Guida iniziata, il tuo piano cellulare al computer che ne terrà conto nell'ora del giudizio del bilancio della tua vita.

– Almeno una volta al giorno, penserai agli Elohim, tuoi Creatori.

– Cercherai, con tutti i tuoi mezzi, di diffondere intorno a te il messaggio degli Elohim.

– Almeno una volta all'anno, farai un dono alla Guida delle Guide, pari ad almeno un centesimo dei tuoi introiti annui, al fine di aiutarla a potersi consacrare a tempo pieno alla sua missione e a viaggiare nel mondo per diffondere questo messaggio.

– Almeno una volta all'anno, inviterai alla tua tavola la Guida della tua regione e radunerai presso di te le persone interessate, affinché possa spiegare loro le dimensioni del messaggio.

– In caso di scomparsa della Guida delle Guide, la nuova Guida delle Guide sarà quella che sarà stata designata dalla Guida delle Guide precedente. La Guida delle Guide sarà il guardiano dell'ambasciata terrestre degli Elohim e potrà dimorarci con la sua famiglia e con le persone di sua scelta.

Lei, Rael, è il nostro ambasciatore sulla Terra e le persone che le credono devono donarle i mezzi per compiere la sua missione; lei è l'ultimo dei profeti prima del Giudizio; lei è il profeta della religione delle religioni, il demistificatore, il pastore dei pastori. Lei è colui di cui gli antichi profeti, nostri rappresentanti, hanno annunciato la venuta in tutte le religioni. Lei è colui che ricondurrà il gregge dei pastori prima che l'acqua venga versata, colui che ricondurrà ai loro creatori coloro che essi hanno creato. Quelli che hanno orecchie possono intendere, quelli che hanno occhi possono vedere. Tutti coloro che hanno gli occhi aperti vedranno che lei è il primo profeta a poter essere compreso solo da esseri scientificamente evoluti. Tutto ciò che racconta è incomprensibile ai popoli primitivi. Questo è un segno che riconosceranno coloro che hanno gli occhi aperti, il segno della rivelazione, dell'apocalisse".

# Al popolo d'Israele

"Lo Stato d'Israele deve donare alla Guida delle Guide un territorio situato nei pressi di Gerusalemme, affinché vi faccia edificare la residenza, l'ambasciata degli Elohim. Popolo d'Israele, è giunto il tempo di costruire la nuova Gerusalemme, com'era stato previsto. Rael è colui che era stato annunciato, rileggete i vostri scritti ed aprite i vostri occhi.

Noi desideriamo avere la nostra ambasciata presso i nostri discendenti, poiché il popolo d'Israele è composto dai discendenti dei figli che nacquero dalle unioni tra i figli degli Elohim e le figlie degli uomini.

Popolo d'Israele, noi ti abbiamo fatto uscire dagli artigli degli Egiziani e voi non vi siete mostrati degni della nostra fiducia; ti abbiamo affidato un messaggio destinato a tutta l'umanità e tu lo hai custodito gelosamente, invece di diffonderlo. Hai sofferto a lungo per pagare i tuoi errori, ma il tempo del perdono è arrivato e, come previsto, abbiamo detto al Nord "dai" ed al Sud "non trattenere". Ho fatto venire i tuoi figli e le tue figlie dalle estremità della Terra, come aveva scritto Isaia, e hai potuto ritrovare il tuo paese, dove potrai vivere in pace se ascolti l'ultimo dei profeti, colui che ti è stato annunciato, e lo aiuti a fare ciò che gli chiediamo.

Questa è la tua ultima possibilità, altrimenti un'altra nazione accoglierà la Guida delle Guide ed edificherà la nostra ambasciata sul proprio territorio. E questa nazione sarà vicina alla tua, sarà protetta e vi regnerà la felicità, e lo Stato d'Israele verrà un'altra volta distrutto.

Tu, figlio d'Israele che non sei ancora tornato nelle terre ancestrali, aspetta a rientrarvi. Aspetta di vedere se il governo accetterà che la nostra ambasciata venga edificata. Se ciò verrà negato, non ritornarvi: sarai tra coloro che verranno salvati dalla distruzione ed i cui discendenti potranno, un giorno, ritrovare la terra promessa, quando i tempi saranno giunti.

Popolo d'Israele, riconosci colui che ti fu annunciato, donagli il territorio per edificare la nostra ambasciata ed aiutalo ad edificarla, altrimenti, come duemila anni fa, essa sarà eretta altrove e, se sarà eretta altrove, tu verrai nuovamente disperso.

Se duemila anni fa tu avessi riconosciuto che Gesù era veramente il nostro inviato, tutti i cristiani del mondo non sarebbero cristiani ma ebrei, e non avresti avuto i problemi che hai avuto; voi sareste rimasti i nostri ambasciatori, anziché affidare questo compito ad altri esseri umani che si sono dati per base Roma. Duemila anni fa, non hai riconosciuto il nostro inviato, così non fu Israele ma Roma ad irradiare. Oggi, hai una nuova possibilità perché sia di nuovo Gerusalemme. Se non l'afferri, un altro paese ospiterà la nostra ambasciata e tu non avrai più diritto alla terra che ti abbiamo scelto.

Ecco, ho terminato. Una volta rientrato sulla Terra, sarà in grado di commentare tutto questo da solo. Adesso approfitti ancora un po' di questo paradiso, e poi la riporteremo indietro, affinché possa portare a termine la sua missione prima di tornare definitivamente con noi".

Restai ancora diverse ore ad approfittare dei molteplici piaceri di questo mondo, passeggiando tra le numerose fontane ed abbandonandomi alla compagnia dei grandi profeti che avevo incontrato il giorno prima durante delle sedute di meditazione.

Poi, dopo un ultimo pasto consumato con le stesse persone della vigilia, mi ritrovai nel grande vascello che mi riportò nella stazione di osservazione. Lì ripercorsi lo stesso tragitto del giorno prima e mi ritrovai con i miei vestiti nel piccolo vascello che mi ricondusse là dove mi aveva preso, al Roc-Plat. Guardai il mio orologio: era mezzanotte.

Tornai a casa e mi misi immediatamente al lavoro per scrivere tutto quello che mi era stato detto. Tutto era perfettamente chiaro nella mia mente e fui sorpreso di accorgermi che scrivevo tutto di getto, senza alcuna esitazione nel ritrovare le frasi che avevo sentito. Le parole erano rimaste come impresse nella mia mente, come mi era stato inizialmente annunciato.

Quando terminai di scrivere la narrazione di ciò che mi era accaduto, cominciai a sentire chiaramente che qualcosa in me si stava scatenando. Come mai mi era successo prima, iniziai a scrivere e ad osservare tutto quello che scrivevo, scoprendolo io stesso come un lettore. Scrivevo, ma non mi sentivo l'autore di ciò che appariva sulla carta.

Gli Elohim cominciavano a parlare attraverso la mia bocca, o meglio, a scrivere attraverso le mie mani. Le cose che venivano scritte sotto i miei occhi toccavano tutti i soggetti con cui un essere umano si confronta durante la propria vita, ed il modo in cui conviene comportarsi di fronte ad essi. Si trattava, in effetti, di regole di vita, di una nuova maniera di comportarsi davanti agli avvenimenti della vita, di comportarsi da esseri umani, cioè da esseri evoluti che cercano, in tutti i modi, di aprire la propria mente sull'infinito e di mettersi in armonia con esso. Queste grandi regole dettate dagli Elohim, nostri creatori, *nostri padri che sono nei cieli*, come i nostri antenati dicevano senza ben comprendere, eccole qui, enunciate nella loro integralità.

# Capitolo III

# Le chiavi

## Introduzione

Questi scritti rappresentano delle chiavi che permettono di aprire le menti che millenni di oscurantismo hanno imprigionato.

La porta che chiude la mente umana è bloccata da numerose serrature, che è necessario aprire tutte allo stesso tempo se la si vuole liberare nella direzione dell'infinito. Se ci si serve di una sola chiave, gli altri chiavistelli resteranno bloccati e, se non li si tiene aperti tutti insieme, quando il successivo si apre, il primo si richiude, impedendo così l'apertura. La società umana ha paura di tutto ciò che non conosce ed ha perciò paura di ciò che si trova dietro a questa porta, anche se si trattasse della felicità che deriva dal raggiungimento della verità. Essa cerca, quindi, di impedire che alcuni possano aprire questa porta, preferendo restare nella propria infelicità e nella propria ignoranza. Questo è un ostacolo in più sulla soglia della porta che la mente deve attraversare per liberarsi. Ma come diceva Gandhi: "Non è perché nessuno vede la verità che essa diventa un errore". Così, se cercate di aprire questa porta, dovete ignorare i sarcasmi di coloro che non hanno visto niente o che, pur avendo veduto, fanno finta di non aver visto nulla, per paura di ciò che non conoscono. E se l'apertura della porta vi appare troppo difficile, chiedete aiuto ad una Guida, poiché le Guide hanno già aperto la porta della propria mente e conoscono le difficoltà della manovra. Non potranno aprire la vostra porta per voi, ma potranno spiegarvi le diverse tecniche che consentono di riuscirci. D'altra parte, esse sono dei testimoni viventi della felicità che procura l'apertura di questa porta, e la prova che coloro che hanno paura di ciò che si trova dietro ad essa sono nell'errore.

# L'essere umano

In ogni situazione, bisogna sempre e prima di tutto considerare le cose in rapporto a quattro piani:

- in rapporto all'infinito;

- in rapporto agli Elohim, nostri padri e nostri creatori;

- poi, in rapporto alla società umana;

- ed infine, in rapporto all'individuo.

Il piano più importante è quello dell'infinito. È in rapporto a questo piano che bisogna giudicare tutte le cose, ma con una costante: l'amore. È necessario, dunque, tener conto degli altri, ai quali bisogna dare dell'amore, poiché bisogna vivere in armonia con l'infinito e, dunque, con gli altri che sono anch'essi una parte dell'infinito.

Poi, bisogna tenere conto dei consigli dati dagli Elohim, nostri creatori, e fare in modo che la società umana ascolti i consigli di coloro che l'hanno generata.

Poi, bisogna tenere conto della società, che ha permesso, che permette e che permetterà agli esseri umani di realizzarsi sul cammino della verità. Bisogna tenerne conto, ma non seguirla; bisogna, al contrario, aiutarla ad uscire dal suo stato di primitività, rimettendone continuamente in questione tutte le abitudini e le tradizioni, anche se sono sostenute da leggi che cercano solo di rinchiudere le menti sotto il giogo dell'oscurantismo.

Infine, bisogna tenere conto della realizzazione dell'individuo, senza cui la mente non riesce a raggiungere tutto il suo potenziale e a mettersi in armonia con l'infinito per diventare un essere umano nuovo.

# La nascita

Non imporrai mai alcuna religione ad un bambino, che è ancora una larva incapace di comprendere ciò che gli accade. Non bisogna quindi battezzarlo, circonciderlo o fargli subire alcun atto che non avrebbe accettato. Bisogna, quindi, aspettare che abbia l'età per capire e per scegliere. Se in quel momento una religione lo attira, bisogna lasciarlo libero di aderirvi.

Una nascita dev'essere una festa, perché gli Elohim ci hanno creato a loro immagine, capaci, quindi, di riprodurci da noi stessi. Creando un essere vivente, noi conserviamo la specie a cui apparteniamo e rispettiamo l'opera dei nostri creatori.

Una nascita dev'essere una festa ed un atto d'amore compiuto nell'armonia, facendo attenzione sia ai rumori che ai colori o alla temperatura, affinché l'essere che prende contatto con la vita acquisisca l'abitudine all'armonia.

Per contro, bisogna abituarlo immediatamente a rispettare la libertà degli altri. Quando di notte piange, bisogna andarlo a vedere con discrezione, affinché mai si renda conto che il fatto di piangere gli porti un certo benessere perché ci si occupa di lui.

Bisogna invece andarlo a vedere ed occuparsi di lui quando è tranquillo, e non quando piange (a meno che lo si faccia senza che se ne accorga). In tal modo, si abituerà al fatto che tutto va meglio quando è in armonia con ciò che lo circonda. "Aiutati, e il Cielo ti aiuterà".

In effetti, è necessario che i genitori comprendano che, sin dalla nascita, un bambino è prima di tutto un individuo e che nessun individuo dev'essere trattato come un bambino.

Anche i nostri creatori non ci trattano come bambini, bensì come individui. È per questo che non intervengono per aiutarci direttamente a risolvere i nostri problemi, ma ci lasciano superare gli ostacoli che incontriamo ragionando da individui responsabili.

# L'educazione

Il piccolo essere, che è ancora soltanto una "crisalide" d'essere umano, dev'essere abituato, fin dalla tenera infanzia, a rispettare la libertà e la tranquillità degli altri. Dato che è troppo piccolo per capire e ragionare, la punizione corporale deve venire applicata con rigore dalla persona che cresce il bambino, affinché egli soffra quando fa soffrire gli altri, o quando li disturba e manca loro di rispetto. Questa punizione corporale dev'essere applicata soltanto ai bambini molto piccoli. In seguito, deve gradualmente cessare di essere applicata quando il bambino inizia a ragionare e a capire, per poi sparire totalmente. A partire dai sette anni di età, la punizione corporale deve diventare cosa del tutto eccezionale e, a partire dal quattordicesimo anno, non deve essere mai più applicata.

Utilizzerai la punizione corporale solo quando il bambino non rispetta la libertà, o la tranquillità, degli altri e di te stesso.

Insegnerai al tuo bambino a realizzarsi e a prendere sempre le distanze da ciò che la società e le scuole vogliono inculcargli. Non lo forzerai mai ad imparare cose che non gli serviranno a niente e lo lascerai prendere l'orientamento che desidera, poiché non devi dimenticare che la cosa più importante è la sua realizzazione personale.

Gli insegnerai sempre a giudicare ogni cosa in quest'ordine: in rapporto all'infinito, in rapporto ai nostri creatori, in rapporto alla società e, alla fine, in rapporto a se stesso.

Non imporrai al tuo bambino alcuna religione. Gli insegnerai invece le diverse credenze che esistono nel mondo, senza partito preso, e almeno le più importanti in ordine cronologico: la religione ebraica, la religione cristiana e la religione musulmana. Se potrai, cercherai di imparare le basi delle religioni orientali, per poterle poi spiegare al tuo bambino. Infine, gli illustrerai i concetti fondamentali del messaggio che gli Elohim hanno dato all'ultimo dei profeti.

Gli insegnerai soprattutto ad amare il mondo nel quale vive e, attraverso di esso, i nostri creatori.

Gli insegnerai ad aprirsi sull'infinito e a cercare di vivere in armonia con esso.

Tu gli insegnerai quale opera meravigliosa abbiano compiuto gli Elohim, i nostri creatori. Gli insegnerai a ragionare e a continuare a cercare, affinché gli esseri umani siano in grado, un giorno, di ripetere ciò che i loro creatori hanno fatto, vale a dire creare scientificamente altre umanità su altri pianeti.

Gli insegnerai a considerarsi come una parte dell'infinito, vale a dire una grande e una piccola cosa allo stesso tempo. "Polvere sei e polvere ritornerai".

Gli insegnerai che nessuna confessione e nessuna assoluzione può riparare il male che si fa agli altri, una volta fatto. Gli insegnerai che non si deve pensare che sia sufficiente iniziare a credere ad un dio qualunque, o agli Elohim, per avere diritto all'eternità, quando la morte si avvicina.

Gli insegnerai che noi siamo giudicati sulla base di quello che facciamo nell'intero arco della nostra vita, che la strada che porta alla saggezza è lunga e che è necessaria tutta una vita per impegnarsi sufficientemente.

Chi per tutta la vita non ha seguito la buona direzione, non è perché prenderà all'improvviso quella giusta che potrà avere diritto alla resurrezione scientifica sul pianeta degli eterni, a meno che il suo rammarico non sia sincero e che agisca, con fervore, nella giusta direzione per recuperare il tempo perduto. Egli deve cercare di farsi perdonare da coloro ai quali ha fatto del male, mettendo a disposizione tutti i suoi mezzi per portare loro amore e felicità. E questo non sarà ancora sufficiente per chi avrà fatto soffrire gli altri, poiché, se anche si sarà fatto perdonare e avrà donato loro dell'amore, sarà soltanto riuscito a cancellare i suoi errori, ma non avrà fatto niente di positivo. Dovrà, dunque, intraprendere nuove azioni, portando la felicità a persone alle quali non abbia mai nuociuto e aiutando anche coloro che diffondono la verità, le Guide. Ma un essere che si pente soltanto al momento della morte, o poco tempo prima, non sarà perdonato, poiché per lui è troppo tardi.

# L'educazione sensuale

L'educazione sensuale è una delle cose più importanti per l'essere umano ed oggi, in pratica, non esiste.

Tu risveglierai la mente del tuo bambino, ma risveglierai anche il suo corpo, perché il risveglio del corpo va di pari passo con il risveglio della mente.

Tutti coloro che cercano di addormentare i corpi sono anche degli addormentatori di menti.

I nostri creatori ci hanno donato dei sensi affinché ce ne servissimo. Il naso serve per odorare, gli occhi per vedere, le orecchie per sentire, la bocca per gustare e le dita per toccare. Bisogna sviluppare i nostri sensi, per meglio godere di tutto ciò che ci circonda e che i nostri creatori hanno messo qui perché ne traessimo piacere.

Un essere sensuale ha maggiori possibilità di essere in armonia con l'infinito, poiché lo percepisce senza aver bisogno di meditare o di riflettere. La meditazione ed il ragionamento permetteranno, a questo essere, di meglio comprendere quest'armonia e di diffonderla intorno a sé insegnandola.

Essere sensuali significa lasciare che l'ambiente dove ci si trova ci dia del piacere. Anche l'educazione sessuale è molto importante, ma essa non insegna altro che il funzionamento tecnico degli organi e la loro utilità. L'educazione sensuale, invece, deve insegnare come sia possibile trarre piacere dai propri organi, ricercando solo il piacere, senza per forza cercare di utilizzare i propri organi per il loro scopo pratico.

Non dire nulla ai propri figli riguardo al sesso è sbagliato, spiegare loro a cosa serve è meglio, ma non è ancora sufficiente: bisogna spiegare loro come possano servirsene per trarne piacere.

Spiegare loro soltanto "a cosa serve" è come se si parlasse della musica dicendo che serve solo a marciare al passo, che saper scrivere serve soltanto a redigere delle lettere di reclamo, che il cinema serve soltanto per offrire dei corsi audio-visivi, oppure altre sciocchezze del genere. Fortunatamente, grazie agli artisti e al risveglio dei sensi, si può trarre piacere ascoltando, leggendo o guardando delle opere che sono state create solo per darci del piacere.

Per quanto riguarda il sesso, vale la stessa cosa. Esso non serve unicamente a soddisfare dei bisogni naturali o ad assicurare la riproduzione, ma anche a dare piacere, agli altri e a se stessi. Grazie alla scienza, siamo finalmente usciti dai tempi in cui mostrare il proprio corpo era un "peccato" e in cui ogni accoppiamento portava in sé la sua punizione: la concezione di un bambino.

Oggi, grazie alle tecniche anticoncezionali, è possibile sentirsi liberi di unirsi sessualmente, senza che questo rappresenti un impegno definitivo o possa diventarlo. Tu insegnerai tutto questo al tuo bambino, con amore e senza mai provare vergogna, spiegandogli bene che egli è fatto per essere felice e per realizzarsi pienamente, vale a dire per godere della vita con tutta la forza dei suoi sensi, di tutti i suoi sensi.

Non avrai mai vergogna del tuo corpo o della tua nudità, perché niente dispiace più ai nostri creatori che vedere coloro che hanno creato vergognarsi dell'aspetto che è stato dato loro.

Insegnerai ai tuoi figli ad amare il loro corpo, proprio come bisogna amare ogni parte della creazione degli Elohim, perché amando la creazione amiamo anche i creatori.

Ciascuno dei nostri organi è stato creato dai nostri padri, gli Elohim, affinché noi ce ne servissimo senza avere la minima vergogna, sentendoci invece felici di far funzionare ciò che è stato creato per funzionare. E se il fatto di far funzionare uno di questi organi ci porta del piacere, è perché i nostri creatori hanno voluto che noi provassimo del piacere nel servircene.

Ogni essere umano è un giardino che non deve rimanere incolto. Una vita senza piacere è come un giardino incolto. Il piacere è il concime che fa schiudere la mente.

L'ascesi è inutile, a meno che non si tratti di una prova passeggera destinata ad allenare la propria mente nel dominare il proprio corpo. Ma una volta che si sia riusciti a superare la prova che ci si era prefissati, e che deve essere sempre limitata nel tempo, bisogna nuovamente godere dei piaceri della vita.

L'ascesi può essere accettata come una messa a maggese di quel giardino che è l'essere umano, vale a dire una pausa momentanea nella ricerca del piacere, che permetterà di apprezzarlo maggiormente in seguito.

Abituerai i tuoi figli ad avere sempre maggiore libertà, considerandoli sempre, e prima di tutto, come degli individui.

Rispetterai le loro tendenze ed i loro gusti, proprio come tu vorresti che loro rispettassero le tue tendenze ed i tuoi gusti. Pensa sempre che il tuo bambino è ciò che è, e che non potrai farne ciò che tu vuoi che sia, così come lui non potrà fare di te ciò che egli vuole che tu sia.

Rispettalo, affinché egli ti rispetti. E rispetta i suoi gusti, affinché egli rispetti i tuoi.

# La realizzazione

Un individuo deve cercare di realizzarsi secondo le proprie aspirazioni ed i propri gusti, senza preoccuparsi di ciò che ne pensano gli altri, purché non venga fatto del male a nessuno.

Se hai voglia di fare qualcosa, assicurati prima che non rechi danno a nessuno, e poi fallo, senza preoccuparti di ciò che ne pensano gli altri.

Se hai voglia di vivere un'esperienza sensuale o sessuale con uno o diversi altri individui, qualunque sia il loro sesso e a condizione che questi individui siano d'accordo con te, puoi agire seguendo i tuoi desideri.

Tutto è permesso sulla via dell'autorealizzazione, dell'apertura del proprio corpo e, di conseguenza, della propria mente.

Finalmente, stiamo uscendo da quei tempi primitivi in cui la donna era considerata soltanto come un organo riproduttivo appartenente alla società. Attualmente, la donna, grazie alla scienza, può realizzarsi liberamente e sensualmente, senza dover temere la punizione della gravidanza. Finalmente, la donna è davvero uguale all'uomo, poiché può realmente gioire del proprio corpo senza dover temere di sopportare da sola le indesiderate conseguenze dei propri atti.

La concezione di un bambino è una cosa troppo importante perché sia dovuta soltanto al caso.

Quando farete un figlio, lo farete dopo aver preso coscienza di ciò che state per compiere e dopo aver scelto di farlo con un meraviglioso atto d'amore, ponderatamente deciso, sicuri di desiderarlo veramente. Perché un bambino può riuscire bene soltanto se lo si è realmente desiderato nel momento stesso della sua concezione. Il momento della concezione è il momento più importante, poiché proprio in quel momento viene concepita la prima cellula, il progetto dell'individuo. Quindi, questo momento dev'essere desiderato, affinché la prima cellula si formi in un'armonia perfetta. Le menti dei due genitori devono essere perfettamente coscienti e devono pensare intensamente all'essere che stanno cercando di concepire. Questo è uno dei segreti dell'*uomo nuovo*.

Ma se ricerchi soltanto lo schiudersi del tuo corpo e, di riflesso, della tua mente, utilizza i mezzi che la scienza mette a tua disposizione. Usa la contraccezione.

Farai un figlio solo quando tu stesso ti sarai realizzato, affinché l'essere che concepirai sia il frutto dell'unione di due esseri risvegliati.

Per giungere alla tua realizzazione personale, utilizza i mezzi che la scienza mette al tuo servizio per consentirti di aprire il tuo corpo al piacere, senza rischi. Il piacere e la procreazione sono due cose distinte, che non bisogna confondere. Il piacere serve all'individuo, la procreazione serve alla specie.

È soltanto quando un individuo si è realizzato che può creare un altro essere realizzato.

Se per sventura hai concepito un essere senza desiderarlo, utilizza i mezzi che la scienza ti mette a disposizione: utilizza l'aborto. Poiché un essere che non è stato desiderato al momento della sua concezione non potrà realizzarsi pienamente, dal momento che non è stato creato nell'armonia. Non ascoltare coloro che cercano di intimorirti parlandoti delle conseguenze fisiche, e soprattutto morali, che può lasciare un aborto. Non ce ne sono, se lo fai eseguire da persone competenti. Al contrario, è proprio la decisione di tenere un bambino non desiderato che potrà lasciarti delle conseguenze fisiche e morali, di cui lo stesso bambino che metterai al mondo soffrirà.

Avere un figlio non sottintende obbligatoriamente il fatto di essere sposata, o semplicemente di vivere con un uomo. Molte donne hanno già deciso di avere uno o più bambini senza essere sposate, e senza nemmeno convivere con un uomo. Un figlio, che è un individuo a pieno titolo sin dalla sua nascita, non deve necessariamente venire educato dai propri genitori. Spesso, sarebbe addirittura preferibile che questa educazione fosse fornita da persone qualificate, che contribuirebbero, molto più di certi genitori, alla realizzazione dei loro bambini.

Se hai voglia di avere un figlio senza vivere con un uomo, agisci come desideri. Realizzati come vuoi, senza curarti di ciò che ne pensano gli altri.

Se questa è la tua scelta, non crederti condannata a vivere per sempre da sola: ricevi gli uomini che ti piacciono e che rappresenteranno altrettanti esempi maschili per il tuo bambino. Un giorno, potrai anche decidere di vivere con un uomo, e questa tua scelta non solo non porrà alcun problema a tuo figlio, ma contribuirà alla sua realizzazione. Per un bambino, un cambiamento di ambiente è sempre positivo.

La società deve organizzarsi per prendersi carico dell'educazione dei bambini, parzialmente o totalmente, a seconda della volontà dei genitori. Coloro che vogliono lavorare devono avere la possibilità di lasciare i loro figli in custodia a persone competenti. Coloro che desiderano delegare interamente l'educazione dei propri figli a persone competenti devono poterli dare in completo affidamento a delle istituzioni previste a questo scopo.

Allo stesso modo, se hai fatto un figlio desiderandolo ma, una volta venuto al mondo, non lo desideri più, o perché ti sei separata dal tuo compagno o per tutt'altra ragione, allora potrai affidarlo alla società, affinché essa lo allevi nell'armonia necessaria alla sua realizzazione. Poiché un bambino che cresce in un ambiente dove non è veramente ed intensamente desiderato non può realizzarsi.

Un figlio è una crescita ed una realizzazione reciproca. Se diventa un disturbo, anche minimo, egli se ne rende conto e la sua realizzazione ne viene intaccata.

Bisogna, pertanto, tenerlo con sé soltanto se la sua presenza è sentita come un elemento di autorealizzazione. Altrimenti, bisogna collocarlo, senza il minimo rimpianto, nelle istituzioni che la società deve mettere a disposizione per farlo crescere. Bisogna però farlo con la profonda gioia di chi affida il proprio figlio a persone che potranno meglio contribuire alla realizzazione di questo piccolo essere.

In ogni caso, si può andare regolarmente a fargli visita, ma solo se il bambino lo desidera, poiché il suo parere è la cosa più importante. Del resto, le persone incaricate dell'educazione di questi bambini devono sempre descrivere i genitori come degli esseri eccezionali, poiché essi hanno dato più importanza alla realizzazione dei propri figli piuttosto che al piacere egoistico di crescerli personalmente, affidandoli a persone più competenti di loro.

Quindi, sceglierai liberamente il tuo compagno, se ne desideri uno. Il matrimonio, sia religioso che civile, è inutile. Non si può firmare un contratto, come se si vendesse del petrolio, per unire degli esseri viventi che cambieranno, poiché sono vivi.

Di conseguenza, rifiuterai il matrimonio, che è soltanto l'ostentazione della proprietà di un essere. In realtà, un uomo o una donna non possono essere proprietà di nessuno. Ogni contratto può soltanto distruggere l'armonia esistente tra due esseri. Quando ci si sente amati, ci si sente anche liberi di amare. Quando si è firmato un contratto, ci si sente prigionieri e costretti ad amare, fino a quando, prima o poi, si inizia a detestare l'altro.

Vivrai con la persona che avrai scelto fino a quando ti sentirai bene con lei.

Quando non vi capirete più, non restate più insieme, perché la vostra unione diventerebbe un inferno. Ogni essere vivente è in evoluzione, ed è giusto che sia così. Se le evoluzioni sono simili, le unioni sono durevoli, ma se le evoluzioni sono diverse, allora le unioni non sono più possibili. L'essere, che prima vi piaceva, non vi piace più, perché voi, oppure lui, siete cambiati. Bisogna separarsi conservando un buon ricordo della vostra unione, anziché macchiarla con litigi che scatenano l'aggressività. Un bambino sceglie un vestito della sua misura e, quando cresce, il vestito diventa troppo piccolo per lui.

Allora, deve per forza abbandonarlo per indossarne un altro, altrimenti finirà per lacerarlo. Per le unioni, vale lo stesso principio: bisogna lasciarsi prima di lacerarsi.

Soprattutto, non preoccuparti per il tuo bambino. È meglio per lui stare nell'armonia con uno dei genitori soltanto, piuttosto che stare con entrambi nella discordia o in mancanza di un'armonia perfetta. Non dimenticare mai che i bambini sono, prima di tutto, degli individui.

La società deve, in ogni caso, assicurare alle persone anziane una vita felice e senza preoccupazioni materiali.

Ma se bisogna rispettare le persone anziane e fare di tutto perché vivano felicemente, non bisogna, però, ascoltarle solo perché sono anziane. Un essere umano intelligente è di buoni consigli, qualunque sia la sua età, ma un essere stupido, anche se centenario, non merita di essere ascoltato un solo istante. Peggio, egli non ha alcuna scusa, poiché ha avuto a disposizione tutta una vita per cercare di risvegliarsi. Invece, nel caso di un essere giovane e stupido, ogni speranza è ancora lecita.

Un vecchio stupido deve però in ogni caso poter vivere confortevolmente. Questo è un dovere per la società.

La morte non dev'essere l'occasione per tristi adunanze ma, al contrario, motivo di una festa gioiosa, poiché è forse il momento in cui l'essere caro accede al paradiso degli eterni, in compagnia degli Elohim, nostri creatori.

Perciò, farai richiesta di non essere sepolto religiosamente. Invece, farai dono del tuo corpo alla scienza e chiederai che lo si faccia scomparire il più discretamente possibile, ad eccezione dell'osso frontale, più precisamente della parte situata al di sopra dell'inizio del naso, trentatré millimetri al di sopra del centro dell'asse che unisce le due pupille. Farai inviare almeno un centimetro quadrato di quest'osso alla Guida delle Guide, affinché lo conservi nella nostra ambasciata terrestre. Tutti gli esseri umani, infatti, sono seguiti da un computer che registra le loro azioni, facendone il bilancio alla fine della loro vita.

Coloro che vengono a conoscenza dei messaggi che Rael trasmette, invece, verranno ricreati a partire dalle cellule che saranno state custodite nella nostra ambasciata. Per loro, la ricreazione avrà luogo soltanto se faranno inviare alla Guida delle Guide, dopo la loro morte, la parte del corpo richiesta. Infatti, dal giorno in cui si viene a conoscenza dei messaggi degli Elohim, il sistema computerizzato che registra le informazioni utili al giudizio, resta attivato, ma quello che permette il prelievo automatico di una cellula al momento della morte, viene disconnesso. In tal modo, verranno ricreati soltanto coloro che, dopo aver preso conoscenza del messaggio, applicheranno esattamente ciò che esso richiede.

Almeno una volta nella vita, farai il necessario per incontrare la Guida delle Guide, oppure una guida da lei abilitata a trasmettere il tuo piano cellulare agli Elohim, affinché essi risveglino la tua mente e ti aiutino a rimanere risvegliato.

In conformità con ciò che è scritto ne *Il Libro che dice la Verità*, lascerai in eredità ai tuoi figli soltanto l'appartamento o la casa di famiglia. Il resto lo lascerai, per testamento, alla Guida delle Guide e, se hai paura che i tuoi discendenti non rispettino le tue ultime volontà, cercando di riprendere i tuoi beni attraverso la giustizia umana, ne farai dono, durante la tua vita, alla Guida delle Guide, al fine di aiutarla a diffondere sulla Terra il messaggio dei nostri creatori.

E voi che restate, non siate tristi e non vi lamentate quando un essere caro muore. Provate, piuttosto, a donare amore a quelli che amate finché sono in vita. Infatti, una volta che i vostri cari sono morti, quello che vi rende infelici è pensare che forse non li avete amati abbastanza e che è ormai troppo tardi.

Se sono stati buoni, essi avranno diritto ai giardini degli Elohim per l'eternità e vi conosceranno la felicità. Ma se non lo sono stati, allora non meritano nemmeno di essere rimpianti.

In ogni caso, anche se non si trovano tra gli eletti, essi non scompaiono realmente. La morte non è una cosa molto importante e non bisogna averne paura. È esattamente come quando ci si addormenta, ma di un sonno definitivo. Dal momento che siamo una parte dell'infinito, la materia di cui siamo costituiti non si dissolve.

Essa continua ad esistere nel suolo, nelle piante o negli animali, perdendo evidentemente ogni omogeneità e, dunque, ogni identità. Questa porzione di infinito, che è stata organizzata dai nostri creatori secondo un piano ben preciso, ritorna quindi all'infinito, restando parte di questa piccola pallina che si chiama Terra, e che è viva.

Ogni essere ha diritto alla vita, diritto all'amore e diritto alla morte. Ogni essere è padrone della propria vita e della propria morte. La morte non è nulla, ma la sofferenza è una cosa terribile e dev'essere fatto tutto il possibile per eliminarla. Un essere che soffre troppo ha il diritto di suicidarsi. Se ha agito bene durante tutta la sua vita, egli sarà ammesso sul pianeta degli eterni.

Se una persona che ami soffre troppo e desidera morire, senza avere la forza di suicidarsi, aiutala a sopprimersi.

Quando, grazie al progresso scientifico, gli esseri umani saranno in grado di sopprimere le sofferenze dei propri simili, allora potranno chiedersi se suicidarsi è un bene o un male.

# La società

## Il governo

È indispensabile che ci sia un governo che prenda le decisioni, proprio come in un corpo umano c'è un cervello che le prende.

Farai tutto il possibile per dar vita ad un governo che metta in pratica la Geniocrazia e che metta al potere l'intelligenza.

Parteciperai alla creazione di un Partito Umanitarista mondiale, che promuova l'Umanitarismo e la Geniocrazia come descritto ne *Il Libro che dice la Verità*, e ne sosterrai i candidati.

Soltanto la Geniocrazia può permettere all'essere umano di entrare completamente nell'era d'oro.

La democrazia totale non va bene. Un corpo in cui tutte le cellule comandano non può sopravvivere. Solo le persone intelligenti devono poter prendere delle decisioni che riguardano l'umanità. Ti rifiuterai dunque di votare, a meno che non si presenti un candidato che promuova la Geniocrazia e l'Umanitarismo.

Né il suffragio universale, né i sondaggi rappresentano un sistema valido per governare il mondo. Governare significa prevedere, e non certo seguire le reazioni di un popolo pecorone, di cui solo una piccolissima parte è abbastanza risvegliata per guidare l'umanità. Considerato che esistono pochissime persone risvegliate, se ci si affida al suffragio universale, oppure ai sondaggi, le decisioni prese rappresenteranno le scelte della maggioranza. Perciò, si tratterà delle decisioni di quelli che non sono risvegliati e che reagiscono in funzione delle proprie soddisfazioni immediate o delle proprie reazioni istintive, inconsciamente imprigionati in un fondo di oscurantismo.

Solo la Geniocrazia è valida, poiché si tratta di una democrazia selettiva. Come è stato detto ne *Il Libro che dice la Verità*, devono essere eleggibili soltanto le persone il cui quoziente intellettivo, allo stato grezzo, è superiore del 50% alla media, e possono essere elettori soltanto quelli che hanno un quoziente intellettivo, allo stato grezzo, superiore del 10% alla media. Alcuni sapienti stanno già tentando di mettere a punto delle tecniche che permettano di misurare l'intelligenza allo stato grezzo; seguite i loro consigli e fate in modo che i bambini superdotati, il minerale grezzo più prezioso per l'umanità, ricevano un'educazione all'altezza del loro genio, poiché l'educazione normale è fatta per bambini normali, perciò mediamente intelligenti.

Non è il numero di diplomi ottenuti che conta, poiché è soltanto frutto di una facoltà della mente poco interessante, la memoria, che semplici macchine possono sostituire. È l'intelligenza allo stato grezzo a far sì che dei contadini o degli operai possano essere molto più intelligenti di alcuni ingegneri o professori. Quest'ultima può essere paragonata al buon senso o al genio creativo, poiché la maggior parte delle invenzioni sono soltanto una questione di buon senso.

Governare significa prevedere, e tutti i grandi problemi che si presentano oggi all'umanità provano che i governi non hanno saputo prevedere nulla, ed erano quindi incapaci di governare. Non è un problema legato a delle persone, bensì un problema nella tecnica di scelta dei responsabili. È il sistema di scelta che non è buono. Bisogna sostituire la democrazia selvaggia con una democrazia selettiva: la Geniocrazia, che mette al potere gli esseri più intelligenti. Dovrebbe essere la più ovvia delle cose.

Le leggi umane sono indispensabili e le rispetterai facendo in modo che quelle ingiuste, o sorpassate, vengano modificate.

Tra le leggi umane e quelle dei creatori non esiterai un istante, poiché anche i giudici umani saranno, un giorno, giudicati dai nostri creatori.

La polizia è indispensabile fino a quando l'essere umano non avrà scoperto delle terapie che permettano di sopprimere la violenza e di impedire ai criminali, o a coloro che attentano alla libertà altrui, di agire.

Contrariamente ai militari, che sono dei guardiani della guerra, i poliziotti sono dei guardiani della pace e sono provvisoriamente indispensabili, nell'attesa che la scienza trovi una soluzione a questo problema.

Ti rifiuterai di svolgere il servizio militare e farai richiesta di beneficiare dello statuto di obiettore di coscienza, che ti permette di metterti al servizio della società, in un settore dove non si usano armi. È un tuo diritto, se le tue convinzioni religiose o filosofiche ti impediscono di uccidere il prossimo, come nel caso di coloro che credono agli Elohim, nostri creatori, e vogliono seguire le direttive della Guida delle Guide. Contrariamente a ciò che molti giovani credono, gli obiettori di coscienza non vanno in prigione, ma svolgono un servizio civile, o una mansione, dove non si usano armi, per una durata doppia rispetto alla durata normale del servizio militare. È meglio restare due anni in un ufficio che addestrarsi per un anno in tecniche che ti insegnano ad uccidere il prossimo.

Bisogna abolire con urgenza il servizio militare in tutti le nazioni del mondo. Tutti i militari di carriera devono essere trasformati in guardiani della pace mondiale, devono, cioè, mettersi al servizio della libertà e dei diritti dell'uomo.

Il solo regime valido è una Geniocrazia che applichi l'Umanitarismo.

Il capitalismo è male, poiché asservisce l'essere umano al denaro e al profitto di alcuni, che si arricchiscono sulle spalle degli altri.

Anche il comunismo è male, perché attribuisce maggiore importanza all'uguaglianza che alla libertà. All'inizio, nel momento della nascita, deve esistere uguaglianza tra gli esseri umani, ma non dopo. Se tutti gli esseri umani devono aver diritto a ciò che è necessario per vivere decentemente, coloro che fanno più degli altri per i propri simili hanno diritto ad avere più rispetto a quelli che non fanno niente per la comunità.

Evidentemente, si tratta di una regola provvisoria, nell'attesa che l'essere umano sia in grado di far svolgere a dei robot tutti i lavori necessari e possa consacrarsi unicamente alla propria realizzazione personale, dopo aver totalmente soppresso il denaro.

Nel frattempo, è vergognoso che, mentre degli esseri umani muoiono di fame, altri distruggano del cibo per fare in modo che i prezzi non crollino. Anziché gettare questi alimenti, dovrebbero distribuirli a coloro che non hanno niente da mangiare.

Il lavoro non dev'essere considerato come qualcosa di sacro. Ogni essere umano ha diritto di avere il necessario per vivere, anche se non lavora. Ognuno deve cercare di realizzarsi nel campo che lo attira. Se gli esseri umani si organizzassero, non ne avrebbero ancora per molto prima di far sì che tutti i lavori indispensabili vengano interamente meccanizzati ed automatizzati. Solo allora, essi potranno realizzarsi liberamente.

Se tutti gli esseri umani si impegnassero davvero, ci vorrebbero soltanto pochi anni perché l'essere umano si liberi dall'obbligo del lavoro. Basterebbe che tutte le capacità tecniche e scientifiche venissero messe al servizio di questo scopo. Basterebbe che tutti i lavoratori, in un meraviglioso slancio di solidarietà per la liberazione dell'essere umano da ogni vincolo materiale, si mettano a lavorare duramente non più per degli interessi particolari, ma per la comunità tutta intera e per il suo benessere. Bisognerebbe utilizzare, per questo nobile obiettivo, anche tutti i fondi che vengono sprecati in spese militari o in altre cose senza senso, come, ad esempio, la realizzazione di armi nucleari o di voli spaziali. Questi, tra l'altro, sarebbero studiati molto meglio e molto più facilmente una volta liberato l'essere umano dai vincoli materiali. Avete a vostra disposizione dei computer, delle apparecchiature elettroniche che possono sostituire vantaggiosamente l'essere umano; concentrate i vostri sforzi affinché questi mezzi tecnici vengano davvero messi al servizio dell'umanità. In pochi anni, voi potreste costruire un mondo completamente diverso. Siete arrivati nell'era d'oro.

Adoperatevi al massimo per costruire i robot biologici, che vi libereranno dai bassi bisogni e vi permetteranno di realizzarvi.

L'urbanistica dev'essere pensata come viene descritta ne *Il Libro che dice la Verità*. Gli esseri umani devono fabbricare delle case comuni molto alte e situate in piena campagna, affinché le case individuali non "divorino" la natura. Non dimenticate che, se ogni essere umano avesse una propria casa di campagna con un piccolo giardino, la campagna non esisterebbe più. Queste case comuni devono essere delle vere e proprie città, dotate di tutto ciò che è necessario agli esseri umani, e devono poter ospitare circa cinquantamila abitanti.

L'essere umano deve rispettare la natura fino a quando non sarà capace di ricrearla, ovvero fino a quando non sarà in grado di diventare egli stesso un creatore. Rispettando la natura, tu rispetti coloro che l'hanno creata, i nostri padri, gli Elohim.

Non farai mai soffrire gli animali. Puoi ucciderli per nutrirti della loro carne, ma senza farli soffrire. Poiché, se la morte non è niente, la sofferenza è un abominio e tu devi evitare la sofferenza agli animali, come devi evitarla agli esseri umani.

Non mangiare però troppa carne, ti sentirai meglio.

Puoi nutrirti di tutto ciò che la Terra ti fornisce. Non sei obbligato a seguire una dieta particolare: puoi mangiare carne, verdura, frutta, vegetali e animali. È stupido seguire un regime vegetariano, con il pretesto di non volersi nutrire della carne di altri esseri viventi. Anche le piante sono vive ed anche loro soffrono come te.

Non farai soffrire le piante, che sono vive proprio come te.

Non ti ubriacherai con bevande alcoliche. Puoi bere un po' di vino mangiando, perché è un prodotto della Terra, ma senza ubriacarti mai. Eccezionalmente, puoi bere delle bevande alcoliche, ma in quantità limitatissime ed accompagnate da alimenti solidi, per non ubriacarti mai, poiché un essere umano che si ubriaca non è più capace di mettersi in armonia con l'infinito né di controllarsi, e questa è una cosa deplorevole agli occhi dei nostri creatori.

Non fumerai, poiché il corpo umano non è fatto per ingurgitare del fumo. Questo ha effetti deleteri sull'organismo, ed ostacola un'apertura e una realizzazione totale. Inoltre, impedisce di mettersi in armonia con l'infinito.

Non utilizzerai alcuna droga. Non ti drogherai, poiché la mente risvegliata non necessita di nulla per avvicinarsi all'infinito. È un abominio, agli occhi dei nostri creatori, che delle persone pensino che l'essere umano debba assumere delle droghe per migliorarsi. L'essere umano non ha bisogno di migliorarsi perché è perfetto, perché è fatto ad immagine dei propri creatori. Dire che l'essere umano è imperfetto è come insultare i nostri creatori, che ci hanno creato a loro immagine.

L'essere umano è perfetto, ma diventa imperfetto pensando di non esserlo ed essendone rassegnato. Sforzarsi ogni istante per mantenersi in uno stato di risveglio permette di restare perfetti, vale a dire esattamente come ci hanno creato gli Elohim.

# La meditazione e la preghiera

Ti impegnerai a meditare almeno una volta al giorno, a metterti, cioè, in rapporto all'infinito, in rapporto agli Elohim, in rapporto alla società ed in rapporto a te stesso.

Mediterai al risveglio, affinché tutto il tuo essere sia perfettamente cosciente dell'infinito e nel pieno possesso dei propri mezzi.

Mediterai prima di ogni pasto, affinché tutto il tuo corpo mangi quando tu mangi e, quando ti alimenterai, prenderai coscienza di ciò che stai facendo.

La tua meditazione non sarà una meditazione arida ma, al contrario, una meditazione sensuale. Ti lascerai invadere dalla pace e dall'armonia, fino a quando divenga un godimento.

La tua meditazione non deve mai essere una fatica, ma un piacere. È meglio non meditare piuttosto che meditare senza desiderarlo.

Non imporre la meditazione ai tuoi figli o ai tuoi familiari. Invece, spiega loro il piacere che essa procura ed il benessere che apporta. Se poi hanno voglia di meditare, cerca di insegnare loro ciò che conosci.

Penserai intensamente ai nostri creatori, gli Elohim, almeno una volta al giorno, provando a comunicare telepaticamente con loro. Ritroverai, in tal modo, il senso originale della preghiera. Se non sai come iniziare, puoi ispirarti al *Padre Nostro*, le cui parole sono perfettamente adatte alla comunicazione con i nostri creatori.

Farai, almeno una volta alla settimana, un tentativo di comunicazione telepatica di gruppo con le altre persone della tua regione che credono negli Elohim e, possibilmente, con una Guida.

Farai tutto il possibile per recarti, ogni anno, al raduno di tutti coloro che credono negli Elohim e nei messaggi che hanno dato all'ultimo dei profeti.

## Tecnica per tentare un contatto telepatico con gli Elohim

Ecco un modello di testo da pronunciare pensando intensamente alle parole che lo compongono e guardando verso il cielo.

*Elohim, voi siete lassù, da qualche parte tra queste stelle,*

*Elohim, voi siete lassù ed io so che ci osservate,*

*Elohim, voi siete lassù e mi piacerebbe talmente incontrarvi,*

*Elohim, voi siete lassù e cosa sono io per sperare di meritare un contatto,*

*Elohim, io vi riconosco come creatori e mi metto umilmente al vostro servizio,*

*Elohim, io riconosco Rael, vostro inviato, come mia guida, e credo in lui e nei messaggi che gli avete dato,*

*Elohim, io farò il massimo per farli conoscere intorno a me, poiché so di non avere fatto abbastanza,*

*Elohim, io amo come miei fratelli tutti gli esseri umani, perché sono fatti a vostra immagine,*

*Elohim, io cerco di apportare loro la felicità, aprendo le loro menti sull'infinito e rivelando loro ciò che mi è stato rivelato,*

*Elohim, io cerco di sopprimere le loro sofferenze, mettendo tutto il mio essere al servizio dell'umanità di cui faccio parte,*

*Elohim, io cerco di utilizzare al massimo la mente che mi avete dato, per fare uscire l'umanità dall'oscurità e dalle sofferenze,*

*Elohim, spero che il poco che avrò fatto, al termine della mia vita, voi lo giudicherete sufficiente per darmi diritto alla vita eterna, sul pianeta dei saggi,*

*Io vi amo, come è stato necessario che voi abbiate amato gli esseri umani per ammettere i migliori tra loro tra i vostri eterni.*

# Le arti

Farai tutto ciò che ti è possibile per incoraggiare gli artisti e per aiutare il tuo bambino, se egli è attirato dalle arti.

L'arte è una delle cose che meglio permettono di mettersi in armonia con l'infinito.

Considera ogni cosa naturale come un'arte ed ogni arte come una cosa naturale.

Circondati di opere artistiche che si rivolgano alle orecchie, agli occhi, al tatto, all'odorato o al gusto.

Tutto ciò che si rivolge ai sensi è artistico. Non esistono soltanto musica, pittura, scultura e tutte le arti ufficialmente riconosciute; anche la gastronomia lo è, così come la preparazione dei profumi e, soprattutto, l'amore, poiché queste arti si rivolgono ai sensi.

Ogni forma d'arte si serve dell'armonia, permettendo quindi, a coloro che l'apprezzano, di lasciarsi invadere da qualcosa di armonioso, che li pone nelle condizioni di mettersi in armonia con l'infinito.

La letteratura è particolarmente importante, perché permette di aprire le menti, facendo intravedere nuovi orizzonti. La letteratura fine a se stessa non è altro che un accumulo di chiacchiere; ciò che conta non è comporre delle belle frasi, ma trasmettere agli altri nuove idee attraverso la lettura.

I mezzi audiovisivi sono ancora più importanti, poiché si rivolgono, contemporaneamente, alla vista e all'udito. Essi possono sostituire vantaggiosamente la letteratura, perché sono più completi. Nell'attesa, la letteratura è provvisoriamente utile.

# La meditazione sensuale

Se vuoi raggiungere un alto livello di armonia con l'infinito, preparati un luogo di meditazione sensuale. Decoralo con delle opere d'arte, dipinti, riproduzioni, tessuti, poster, sculture, disegni, fotografie o altro, cercando di rappresentare l'amore, l'infinito e la sensualità; questo, per il piacere degli occhi. Preparati un angolo dove tu possa stare seduto sul pavimento, ad esempio su dei cuscini, o sdraiato, su un divano o su una pelliccia; questo, per il piacere del tatto. Diffondi dei profumi gradevoli; questo, per il piacere del naso. Mettici un impianto audio con cui ascoltare della musica che ti piace; questo, per il piacere delle orecchie. Prepara dei piatti e delle bottiglie pieni di cibi e di bevande che ti piacciono; questo, per il piacere della bocca.

Invitaci uno o più esseri che ti attirano, che corrispondono ai tuoi gusti e con i quali ti senti bene e in armonia. Nutrite insieme i vostri sensi ed aprite i vostri corpi, affinché si aprano le vostre menti, nell'amore e nella fraternità.

Se un essere ti attrae fisicamente, e senti che la cosa è reciproca, fallo venire in questo luogo. Insieme, potrete raggiungere la sublimazione di quell'armonia che permette di avvicinarsi all'infinito, appagando i vostri cinque sensi ed unendo a ciò la sintesi di tutti questi piaceri: l'unione fisica di due esseri nell'armonia totale e nell'illuminazione dell'atto d'amore.

È evidente che l'armonia deve esistere, prima di tutto, a livello spirituale. Vale a dire che le menti, e quindi i corpi, nel loro modo di avvicinarsi e di considerarsi, devono sentirsi attirate l'una dall'altra. Ma un amore spirituale è sempre sublimato da un amore fisico realizzato. Amare significa donare, senza aspettarsi nulla in cambio. Se ami qualcuno, devi donarti interamente a lui, se lo desidera.

Non sarai mai geloso, perché la gelosia è il contrario dell'amore. Quando si ama qualcuno, si deve ricercare la sua felicità con tutti i mezzi e prima di ogni cosa. Amare significa cercare la felicità degli altri, e non la propria.

Se l'essere che ami è attirato da qualcun altro, non essere geloso. Anzi, devi essere felice se la persona che ami è felice, anche se questo avviene grazie ad un altro. Ama anche la persona che, proprio come te, vuole dare felicità all'essere che ami e che quindi ha il tuo stesso scopo.

La gelosia è la paura che qualcun altro renda la persona amata più felice di quanto noi la rendiamo. Quindi, la gelosia è la paura di perdere la persona amata. Bisogna cercare, invece, di fare il massimo affinché l'essere che si ama sia felice. E se qualcun altro lo rende più felice di quanto facciamo noi, bisogna gioirne, perché ciò che conta non è che l'essere amato sia felice grazie a noi, ma che sia semplicemente felice, qualunque sia la persona che lo rende tale.

Se l'essere che ami è felice con qualcun altro, rallegrati della sua felicità.

Riconoscerai l'essere che ti ama perché non si opporrà al fatto che tu sia felice con qualcun altro. Da parte tua, devi amare questo essere che ti ama così tanto e devi, a tua volta, donargli della felicità. È questa la via dell'amore universale.

Non respingere qualcuno che vuole renderti felice, perché, accettando che egli lo faccia, tu lo rendi a sua volta felice, e questo è un atto d'amore.

Rallegrati della felicità degli altri, affinché gli altri si rallegrino della tua.

# La giustizia degli uomini

Non esiterai un solo istante tra le leggi umane e quelle dei creatori, poiché anche i giudici umani, un giorno, saranno giudicati dai nostri creatori.

Le leggi umane sono indispensabili, ma devono essere migliorate, poiché non tengono abbastanza conto dell'amore e della fraternità.

La pena di morte dev'essere abolita, poiché nessun essere umano ha il diritto di uccidere un altro essere umano, con freddezza e in modo ragionato ed organizzato. Nell'attesa che l'essere umano, grazie ai progressi della scienza, riesca a controllare la violenza che può esistere in certi individui e a guarirli da questa malattia, terrai i criminali separati dalla società e gli donerai l'amore che gli è mancato, cercando di fare in modo che comprendano la mostruosità dei loro atti, dando loro la voglia di riscattarsi.

Non mescolate i grandi criminali, che sono affetti da una malattia che può essere contagiosa, con le persone che hanno commesso piccoli reati, affinché questi ultimi non vengano contaminati.

Non dimenticate mai che ogni criminale è un malato, e consideratelo dunque come tale. Oggi ci si scandalizza pensando che, in una certa epoca, le persone che soffrivano di crisi d'isterismo venivano soffocate tra due materassi. Un giorno, quando si saprà guarire e, soprattutto, prevenire la malattia del crimine, ci si scandalizzerà pensando che in una certa epoca i criminali venivano giustiziati.

Perdona coloro che ti hanno fatto del male involontariamente e non volerne a coloro che ti fanno del male volontariamente: essi sono dei malati. In realtà, bisogna essere malati per fare del male al prossimo. D'altro canto, pensa a come sono sfortunati quelli che fanno del male agli altri, poiché non avranno diritto alla vita eterna nei giardini degli Elohim.

Ma se un essere vuole farti del male, o fare del male a coloro che ami, allora cerca di controllarlo e, se non ci riesci, hai tutto il diritto di difenderti, per salvare la tua vita o quella di coloro che ami. Tuttavia, non colpire mai con l'intenzione di uccidere, anche se lo fai per legittima difesa. Cerca, piuttosto, di metterlo fuori combattimento, di tramortirlo, ad esempio. Se il colpo che hai assestato si rivela mortale, senza che tu l'abbia inferto con questa intenzione, non hai niente da rimproverarti.

Poiché tu impedirai ai violenti di nuocere e, se necessario, utilizzerai la forza, senza però mai cercare di uccidere. La violenza è intollerabile e tu non la tollererai, anche se ti troverai a dover ridurre all'impotenza i violenti attraverso l'uso della forza. Utilizzerai una forza non violenta, cioè una forza equilibrata, che non agisce mai con l'intenzione di fare del male, ma solo di fermare coloro che ne fanno.

Ogni minaccia di violenza dev'essere considerata tanto severamente quanto un'azione violenta realizzata. Minacciare di essere violenti significa concepire che questo sia possibile e che sia un mezzo per raggiungere il proprio scopo.

Un essere capace di minacciare di violenza un altro essere è tanto pericoloso quanto un essere umano che ha commesso un atto di violenza. Nell'attesa di poter guarire medicalmente coloro che proferiscono tali minacce, bisogna separarli dalla società e cercare di far loro comprendere fino a che punto questo modo di agire sia mostruoso.

Di fronte ai rapimenti di ostaggi, pensate prima di tutto a salvare la vita degli innocenti che non si trovano tra le mani di questi malati. Quindi, non date loro ciò che chiedono. La società non deve soddisfare le richieste di coloro che prendono degli ostaggi, poiché accettare un tale ricatto significa incoraggiare altri criminali a fare la stessa cosa e dare peso alla minaccia.

Tutti gli esseri umani devono essere uguali in diritti e poteri alla nascita, qualunque sia la loro razza. Sii razzista verso gli imbecilli, qualunque sia il colore della loro pelle. Tutte le razze che popolano la Terra sono state create dagli Elohim e tutte devono essere rispettate allo stesso modo.

Tutti gli esseri umani della Terra devono unirsi per dare vita ad un governo mondiale, proprio com'è descritto ne *Il Libro che dice la Verità*.

Imponete ai bambini di tutte le scuole del mondo una nuova lingua mondiale. L'esperanto già esiste e, se nessuno propone di meglio, scegliete l'esperanto.

Nell'attesa di poter eliminare il denaro, create una nuova moneta mondiale che sostituisca le monete nazionali. Questa è la soluzione alla crisi monetaria.

Se nessuno ha proposte migliori, utilizzate il sistema federalista. Create una federazione degli Stati del mondo.

Lasciate la loro indipendenza alle regioni: esse devono potersi organizzare come desiderano. Il mondo vivrà nell'armonia se non sarà più composto da stati, bensì da regioni riunite in una federazione che prenda nelle proprie mani il destino della Terra.

# La scienza

La scienza è la cosa più importante per l'essere umano. Ti terrai al corrente di tutte le scoperte scientifiche che possono risolvere ogni problema. Non lasciare che queste scoperte cadano in mano a chi pensa soltanto a ricavarne profitto, oppure in mano ai militari che mantengono segrete certe invenzioni, al solo scopo di conservare un'ipotetica supremazia su fantasmagorici nemici.

La scienza dev'essere la tua religione, poiché gli Elohim, tuoi creatori, ti hanno creato scientificamente. Essendo scientifico, tu piaci ai tuoi creatori, poiché agisci come loro e dimostri di essere cosciente, di essere fatto a loro immagine e desideroso di sfruttare tutte le tue possibilità.

La scienza dev'essere utilizzata per servire l'essere umano e per liberarlo, non per distruggerlo e per alienarlo. Dai fiducia a quegli scienziati che non sono manipolati da interessi finanziari, e soltanto a loro.

Puoi fare dello sport, poiché è un elemento molto positivo per il tuo equilibrio. Soprattutto, gli sport che sviluppano il controllo di sé.

La società deve autorizzare gli sport violenti ed anche quelli molto violenti, perché questi rappresentano delle valvole di sicurezza. Una società evoluta e non violenta deve avere dei giochi che conservano un'immagine della violenza, per permettere, ai giovani che lo desiderano, di essere violenti con altri che hanno lo stesso desiderio. In tal modo, si dà la possibilità ad altre persone di assistere a queste esibizioni violente e di liberarsi dalle proprie onde aggressive.

Puoi partecipare a dei giochi che facciano riflettere e facciano lavorare il tuo cervello. Finché il denaro non verrà soppresso, non giocare mai per guadagnare dei soldi. Gioca soltanto per il piacere di far funzionare la tua mente.

Daterai i tuoi scritti contando l'anno 1946 come l'anno uno dopo Rael, l'ultimo dei profeti. Il 1976 sarà quindi l'anno 31 dopo Rael, o l'anno 31 dell'era dell'Acquario, o l'anno 31 dell'era dell'apocalisse, o l'anno 31 dell'era d'oro.

# Il cervello umano

Le possibilità del cervello umano sono ancora lontane dall'essere totalmente conosciute. Il sesto senso, o percezione diretta, dev'essere sviluppato nei bambini sin dalla tenera età. Si tratta di ciò che chiamiamo telepatia. La telepatia ci permette di comunicare direttamente con i nostri creatori, gli Elohim.

Molti medium sono venuti a trovarmi per chiedermi che cosa dovevano fare, poiché avevano ricevuto dei messaggi da quello che pensavano fosse l'"aldilà". Questi messaggi chiedevano loro di mettersi in contatto con me, per aiutarmi e perché potessi portare loro la luce. I medium sono persone molto importanti, perché possiedono un dono di telepatia superiore alla media ed il loro cervello è sulla strada dello stato di risveglio. Essi devono, però, fare degli sforzi di meditazione per dominare pienamente le loro possibilità.

Attendo con impazienza che tutti i medium che hanno ricevuto l'ordine di mettersi in contatto con me lo facciano, al fine di poter organizzare delle riunioni regolari. I veri medium, che vorranno essere informati, riceveranno tutti delle direttive.

Il potere di un cervello è grande, ma il potere di molti cervelli è infinito. Chi ha orecchie, intenda.

Non dimenticare mai che tutto ciò che tu non comprendi, e che i tuoi scienziati non possono spiegare, è dovuto agli Elohim, poiché l'orologiaio conosce tutti gli ingranaggi dell'orologio che ha fabbricato.

# L'apocalisse

Non dimenticare che l'apocalisse, che significa letteralmente "era della rivelazione", è arrivata com'era stato previsto.

È detto che quando i tempi fossero giunti, ci sarebbero stati molti falsi profeti. Devi soltanto guardarti intorno per accorgerti che questi tempi sono arrivati. Falsi profeti come quelli che fanno oroscopi, i giornali ne sono pieni. Falsi profeti come coloro che si rifanno alla lettera alle antiche scritture, vale a dire a messaggi donati dagli Elohim ai primitivi di epoche remote, e che rifiutano i benefici della scienza. Questi falsi profeti preferiscono credere a quello che degli esseri umani, primitivi ed ottusi, hanno ricopiato tremando di paura, mentre ascoltavano coloro che avevano preso per degli dèi poiché venivano dal cielo. Essi preferiscono credere a questi scritti piuttosto che ad un messaggio che si indirizza ad esseri umani che non si inginocchiano più stupidamente di fronte a tutto ciò che proviene dal cielo, che cercano di comprendere l'universo ed ai quali ci si può rivolgere come a degli adulti. Guardati intorno e vedrai la folla delle sette religiose, fanatiche ed oscurantiste, che attirano giovani facilmente abbindolabili perché assetati di verità.

Un filosofo ha detto: "Gesù è venuto a mostrarci la direzione da seguire e gli uomini hanno tenuto gli occhi fissi sul suo dito". Meditate su questa frase. Non è il messaggero che conta, ma la persona che invia il messaggio e il messaggio stesso.

Non perderti tra le sette orientali; la verità non è né in cima all'Himalaya, né in Perù, né altrove. La verità è dentro di te. Ma se ti piace fare il turista e se ami l'esotismo, recati pure in tutti questi paesi lontani. Dopo esserci andato, comprenderai di aver perso il tuo tempo e capirai che ciò che cercavi è dentro di te. Viaggia al tuo interno, altrimenti non sarai altro che un turista, un essere umano che passa e che crede di trovare la verità guardando altri esseri umani che la cercano in fondo a se stessi. Essi forse la troveranno, ma non chi li osserva. E per viaggiare dentro di te, non hai bisogno di prendere alcun aereo.

L'oriente non ha niente da insegnare all'occidente sul piano della saggezza e dell'apertura mentale; è piuttosto il contrario. Come pensi di trovare la saggezza tra degli esseri che muoiono di fame, mentre guardano passare mandrie di vacche "sacre"?

È invece l'occidente, con i suoi cervelli e la sua scienza, che viene in aiuto ai popoli che sono fossilizzati in credenze primitive e mortifere. Non è per caso che l'occidente non conosce i problemi del terzo mondo.

Là dove regna l'intelligenza, il corpo non muore di fame. Là dove regna l'oscurantismo, il corpo non può sopravvivere.

Possono dei primitivi risolvere il problema della fame nel mondo e dare da mangiare agli affamati? Hanno già così tante difficoltà a nutrire se stessi e tu pretendi di trovare la saggezza fra di loro?

All'inizio tutti i popoli della Terra hanno avuto le stesse possibilità. Alcuni hanno risolto i propri problemi ed hanno anche troppo, mentre altri non hanno nemmeno di che sopravvivere. Quale popolo a tuo parere può soccorrere l'altro? I popoli dell'occidente hanno ancora un enorme cammino da fare sulla strada dell'apertura mentale, ma i popoli orientali non hanno percorso nemmeno un decimo del cammino che i popoli occidentali hanno già percorso.

# La comunicazione telepatica

*"La mente e la materia sono eternamente la stessa cosa"*

(Il libro tibetano dei morti)

Se vuoi ottenere delle comunicazioni telepatiche di grande qualità, non tagliarti né i capelli né la barba. Certi soggetti hanno un organo telepatico abbastanza sviluppato perché funzioni bene anche con il cranio rasato, ma se vuoi avere tutte le possibilità dalla tua parte, non tagliare ciò che i creatori hanno fatto crescere sulla tua testa e sul tuo viso. Se cresce, è perché c'è una ragione. Nessuna caratteristica fisica degli esseri umani è stata data loro senza motivo. Rispettando la creazione, tu rispetti il creatore.

Il momento migliore per entrare in comunicazione con i nostri creatori è al risveglio, poiché quando il corpo si sveglia, si sveglia anche la mente. Allora, si mette in moto un meccanismo di risveglio, che bisogna attivare aprendoci al massimo su tutto ciò che ci circonda e sull'infinito, facendo attenzione a non fermare il fenomeno.

Siediti a terra oppure, ancora meglio, distenditi sulla schiena, in posizione supina. Se ti è possibile, fallo all'aria aperta e guardando verso il cielo.

La mente è come una rosa. Al mattino, essa inizia a schiudersi, ma tu la cogli sempre quando è ancora soltanto un bocciolo. Se tu aspettassi solo un po', essa sboccerebbe.

Esercitare il corpo è bene, ma esercitare la mente è meglio.

Non ti spazientire se non ottieni risultati immediati. Un organo si atrofizza quando non viene utilizzato. Quando hai portato un'ingessatura per tanto tempo, è necessaria una lunga rieducazione per ritrovare l'uso normale dell'arto ingessato.

Guarda verso il cielo e prendi coscienza della posizione che occupi in rapporto a tutto ciò che ti circonda. Mettiti in rapporto alla casa nella quale ti trovi, piccolo punto sperduto tra dei muri di pietra, in rapporto a tutte le persone che si stanno svegliando nel tuo stesso istante, in rapporto a chi, in altri punti del globo, sta andando a dormire. Pensa a tutti quelli che nascono, che si uniscono fisicamente, che soffrono, che lavorano o che muoiono, proprio nel momento in cui ti stai svegliando. Situati così al tuo livello.

Poi, mettiti in rapporto all'infinitamente grande. Pensa alla città nella quale ti trovi, piccolo punto sperduto su un territorio che è la nazione o l'isola in cui vivi; involati come se fossi in un aereo che si allontana sempre più dal suolo, fino a quando la tua città non diventi più grande di un puntino. Poi, visualizza il continente nel quale ti trovi. Prendi coscienza del fatto che sei sulla Terra, una piccola pallina della quale l'umanità è soltanto un parassita e che è in rotazione senza nemmeno che tu te ne accorga. Mettiti in rapporto ad essa e poi alla luna, che gira intorno alla Terra; in rapporto alla Terra che gira intorno al sole; in rapporto al sole, che anch'esso ruota su se stesso e attorno al centro della nostra galassia; in rapporto alle stelle, che sono anch'esse dei soli circondati da pianeti sui quali vivono un'infinità di altri esseri, fra i quali si trovano il pianeta dei nostri creatori, gli Elohim, ed il pianeta degli eterni, dove un giorno sarai ammesso per l'eternità. Mettiti in relazione a tutti questi mondi, sui quali vivono altri esseri che sono più avanzati di noi ed altri più primitivi di noi. Poi, situati in rapporto a questa galassia, che gira essa stessa attorno al centro del nostro universo; mettiti in rapporto al nostro universo, che lui stesso è un atomo di un atomo di una molecola, situata forse nel braccio di un essere che guarda il cielo chiedendosi se esiste vita su altri pianeti. Situati, così, in rapporto all'infinitamente grande.

Mettiti poi in rapporto al tuo corpo, a tutti gli organi che lo costituiscono e a tutte le membra che lo formano. Pensa a tutti gli organi che, in questo preciso istante, stanno lavorando senza che tu te ne renda conto. Senti il tuo cuore che batte senza che tu glielo chieda, e il tuo sangue che circola e che irriga tutto il tuo corpo. Senti anche il tuo cervello, che ti permette di riflettere e di prendere coscienza di tutto questo; pensa a tutti i globuli che compongono il tuo sangue e a tutte le cellule che stanno nascendo nel tuo corpo, che si stanno riproducendo provandone piacere e che stanno morendo senza che tu te ne renda conto; senti queste cellule. che forse non sono coscienti di formare l'essere che tu sei. Pensa a tutte le molecole che costituiscono queste cellule e agli atomi che costituiscono queste molecole, e che girano come dei soli attorno al centro di una galassia; pensa alle particelle che costituiscono questi atomi e alle particelle di queste particelle, sulle quali vivono degli esseri che si chiedono se esiste vita su altri pianeti. Situati, così, in rapporto all'infinitamente piccolo.

Mettiti in armonia con l'infinitamente grande e con l'infinitamente piccolo, inviando amore verso l'alto e verso il basso, e prendendo coscienza che sei tu stesso parte dell'infinito.

Ora, concentrati intensamente e cerca di inviare il tuo messaggio d'amore agli Elohim, nostri creatori, trasmettendo loro il tuo desiderio di vederli, di essere un giorno tra loro e di avere la forza per meritarlo, ed essere ammesso fra gli eletti.

Allora ti sentirai leggero e pronto a fare del bene intorno a te, con tutte le tue forze e per tutto il giorno, poiché sarai in armonia con l'infinito.

Puoi anche fare questi esercizi in un luogo di meditazione sensuale, durante il giorno, da solo o assieme ad altre persone.

Ma il momento in cui ti avvicinerai maggiormente alla perfetta armonia con l'infinito sarà quando ti troverai in un luogo di meditazione sensuale assieme ad un essere che ami, per unirti fisicamente a lui, ed entrambi vi metterete in armonia con l'infinito durante la vostra unione.

La sera, quando il cielo è stellato e la temperatura mite, distenditi a terra e contempla le stelle, pensando intensamente agli Elohim. Desidera di meritare di essere fra loro, un giorno, e pensa intensamente che sei disponibile e pronto a fare esattamente ciò che potrebbero chiederti, anche se non comprenderai molto bene il perché te lo chiedano. Vedrai forse un segnale, se sei sufficientemente pronto.

Quando sarai là, sdraiato sulla tua schiena, prendi coscienza di quanto i tuoi organi di percezione siano limitati, il che spiega le difficoltà che hai nel concepire l'infinito. Esiste una forza che ti tiene attaccato al suolo e tu non puoi prendere il volo verso le stelle facendo semplicemente un salto; tuttavia, non vedi alcuna corda che ti trattiene. Milioni di persone ascoltano migliaia di stazioni radio e guardano centinaia di trasmissioni televisive che si propagano nell'atmosfera; tuttavia, tu non vedi e non senti queste onde. Gli aghi di tutte le bussole vengono attirati verso nord; tuttavia, tu non vedi e non senti alcuna forza d'attrazione. Te lo ripeto, i tuoi organi di percezione sono molto limitati e le energie dell'universo sono infinite. Risvegliati e risveglia gli organi che hai in te, che ti permettono di captare onde che non puoi ancora captare e di cui nemmeno sospetti l'esistenza. Dei semplici piccioni sono in grado di trovare il nord e tu, essere umano, non potresti farlo? Fermati un momento a riflettere.

E insegna tutto questo ai tuoi figli, quando ancora i loro organi sono in fase di sviluppo. È così che nascerà l'*uomo nuovo*, le cui facoltà saranno infinitamente superiori a quelle dell'essere umano attuale.

Una volta finita la crescita, se un essere umano non ha mai imparato a camminare sarà sempre incapace di farlo anche se in seguito glielo si insegna. Egli porterà sempre in sé un handicap, anche se è molto dotato.

È durante la crescita che bisogna aprire le menti dei bambini, affinché tutte le loro facoltà possano realizzarsi pienamente. Allora, diverranno degli *uomini nuovi*, che non avranno più niente di paragonabile a ciò che siamo noi: dei poveri ed ottusi primitivi.

# La ricompensa

Che questo libro guidi coloro che riconoscono ed amano i nostri creatori, gli Elohim.

Quelli che credono in loro e non dimenticano di comunicare telepaticamente con loro, ritrovando così il senso originale della preghiera.

Che questo libro guidi coloro che fanno del bene ai propri simili.

Coloro che credono in ciò che mi è stato rivelato e in ciò che è stato rivelato prima di me, e che sono sicuri che la reincarnazione scientifica sia una realtà.

Questi hanno una guida ed uno scopo nella vita, e sono felici.

Quanto a quelli che non sono risvegliati, non è utile parlare loro di questo messaggio. Un essere addormentato non può capire ed il sonno della mente non si risveglia in qualche istante, soprattutto se chi dorme trova il proprio sonno molto confortevole.

Diffondi comunque intorno a te questo messaggio. Trasmettilo a quelli che fanno del bene agli altri esseri umani e, soprattutto, a quelli che utilizzano il cervello che gli Elohim hanno donato loro per liberare l'essere umano dal timore della mancanza di nutrimento e dalla paura delle malattie. Dallo a coloro che sollevano gli esseri umani dagli sforzi quotidiani, consentendo loro di avere il tempo per realizzarsi. A questi, sono riservati i giardini del pianeta degli eterni e le loro mille fontane.

Poiché non è sufficiente non fare del male agli altri senza far loro del bene. Un essere, la cui vita avrà avuto un bilancio neutro, avrà diritto alla neutralità. Egli non sarà quindi ricreato, né per pagare i suoi crimini, poiché non ne ha commessi, né per ricevere la ricompensa per le sue buone azioni, poiché non avrà prodigato nemmeno quelle.

Un essere che ha fatto soffrire molte persone durante una parte della propria vita e che poi si riscatta, facendo del bene per equilibrare il male che ha fatto, sarà anch'egli considerato neutro.

Per avere diritto alla reincarnazione scientifica sul pianeta degli eterni bisogna avere, alla fine della propria vita, un bilancio nettamente positivo.

Accontentarsi di fare del bene attorno a sé in piccola quantità è sufficiente per qualcuno che non sia superiormente intelligente o che non abbia molti mezzi, ma non è abbastanza per chi sia molto intelligente o abbia molti mezzi. Un essere molto intelligente deve far lavorare la mente che gli hanno dato gli Elohim per apportare felicità agli altri esseri umani, inventando nuove tecnologie per migliorare le loro condizioni di vita.

E coloro che avranno diritto alla ricreazione scientifica sul pianeta degli Elohim vivranno eternamente in un mondo dove il nutrimento sarà loro portato senza che debbano compiere il minimo sforzo, e dove delle compagne e dei compagni, meravigliosamente belli e fabbricati scientificamente a questo scopo, cercheranno soltanto di soddisfare i loro desideri. Essi vivranno eternamente su questo pianeta e cercheranno semplicemente di realizzarsi facendo tutto ciò che amano fare.

Quanto a coloro che fanno soffrire gli altri, essi saranno ricreati e le loro sofferenze saranno pari ai piaceri degli eterni.

Come potete non credere a tutto questo, ora che scienza ed antiche religioni combaciano perfettamente? Voi non eravate altro che materia disorganizzata, polvere, e gli Elohim hanno fatto di voi degli esseri viventi creati a loro immagine, in grado di dominare la materia. Un giorno, ritornerete ad essere materia, polvere, ed essi potranno farvi rivivere esattamente come vi hanno creato, utilizzando la scienza.

Gli Elohim hanno creato i primi esseri umani senza sapere che stavano facendo qualcosa che era già stato fatto con loro. Essi credevano di fare soltanto un'esperienza scientifica senza grande interesse, ed è per questo che distrussero una prima volta quasi tutta l'umanità. Tuttavia, quando compresero che erano stati creati come noi, iniziarono ad amarci come dei figli e giurarono di non provare mai più a sopprimerci, lasciandoci dominare da soli la nostra violenza.

Gli Elohim, se non intervengono direttamente a favore o contro l'umanità nel suo insieme, agiscono invece su certi individui, il cui modo d'agire piace o non piace loro. Guai a coloro che pretendono di averli incontrati o di aver ricevuto da loro un messaggio se non è vero; la loro vita diventerà un inferno ed essi rimpiangeranno le proprie menzogne, di fronte a tutte le sventure che vivranno.

E coloro che agiscono contro la Guida delle Guide e cercano di impedirle di portare a buon fine la sua missione, o che le si avvicinano per seminare discordia tra coloro che la seguono, anch'essi vedranno la propria vita diventare un inferno. Tuttavia, ne conosceranno la ragione, senza che nulla sembri essere dovuto a qualcosa che proviene dall'alto: malattie, noie familiari, professionali, sentimentali ed altro, invaderanno la loro esistenza terrestre, in attesa della punizione eterna.

Voi che sorridete leggendo queste righe, voi sareste stati tra quelli che hanno crocifisso Gesù, se foste vissuti a quell'epoca. Ora, però, volete che la vostra famiglia nasca, si sposi e muoia sotto la sua effigie, solo perché questo è diventato un'usanza e una tradizione.

E voi che deridete ironicamente coloro che credono a questi scritti, dicendo di loro che dovrebbero essere ricoverati in un ospedale psichiatrico, vi comportate proprio come coloro che andavano a vedere i leoni sbranare i primi cristiani. Oggi, infatti, quando qualcuno ha delle idee che infastidiscono, non lo si crocifigge più e non lo si dà più in pasto alle belve, sarebbe troppo barbaro, ma lo si manda in un reparto psichiatrico. Se duemila anni fa questi istituti fossero esistiti, vi avreste rinchiuso Gesù e coloro che credevano in lui.

Quanto a quelli che credono nella vita eterna, chiedete loro perché piangono quando perdono un essere caro.

Fino a quando l'essere umano non era in grado di comprendere scientificamente l'opera degli Elohim, era normale che credesse in un dio immateriale. Oggi, però, grazie alla scienza, si comprende la materia nell'infinitamente grande e nell'infinitamente piccolo, e l'essere umano non ha più il diritto di continuare a credere al dio nel quale credevano i suoi antenati primitivi. Gli Elohim, i nostri creatori, desiderano essere riconosciuti da coloro che oggi sono in grado di capire come sia possibile creare la vita e che sono capaci di fare il raffronto con le antiche scritture. Questi avranno diritto all'eternità.

E tu, cristiano, hai letto cento volte che un giorno Gesù sarebbe ritornato, ma se oggi ritornasse lo faresti rinchiudere in un ospedale psichiatrico. Andiamo, apri gli occhi!

E tu, figlio d'Israele, aspetti ancora il tuo messia e non apri la tua porta!

E tu, buddista, i tuoi scritti ti dicono che il nuovo Buddha dovrà nascere in occidente; riconosci i segni annunciati!

E tu, musulmano, Maometto ti ha ricordato che gli ebrei avevano commesso un errore uccidendo i profeti, e che i cristiani avevano commesso un errore adorando il profeta più di colui che invia il profeta. Accogli l'ultimo dei profeti e ama coloro che lo inviano!

Se riconosci gli Elohim come tuoi creatori, se li ami e desideri accoglierli, se cerchi di fare del bene agli altri esseri umani utilizzando al massimo tutte le tue possibilità, se pensi ai tuoi creatori regolarmente, cercando di far loro capire telepaticamente che li ami, se aiuti la Guida delle Guide a compiere la sua missione, tu avrai senza alcun dubbio diritto alla reincarnazione scientifica sul pianeta degli eterni.

L'essere umano, da quando ha scoperto le energie necessarie per recarsi sulla luna, possiede anche le energie sufficienti per distruggere ogni forma di vita sulla Terra.

*L'ora si avvicina e la luna si spacca!* (Il Corano, Sura 54, versetto 1).

Da un giorno all'altro, l'essere umano può autodistruggersi. Solo coloro che seguono l'ultimo dei profeti verranno salvati.

Molto tempo fa, Noè non venne creduto e la gente si burlava di lui, mentre si stava preparando per la distruzione. Ma non furono gli ultimi a ridere.

E quando gli Elohim dissero agli abitanti di Sodoma e Gomorra di lasciare la città senza voltarsi, alcuni di loro non credettero a ciò che era stato annunciato e furono distrutti.

Ora, siamo giunti nell'epoca in cui forse l'essere umano distruggerà egli stesso la vita sulla Terra. Solo coloro che riconoscono gli Elohim come propri creatori verranno salvati dalla distruzione. Potete ancora non crederci, ma quando sarà venuto il momento, ripenserete a queste righe e sarà troppo tardi.

Vi sono infatti delle grandi probabilità che si verifichi una distruzione e non passerà molto tempo, visto il comportamento degli esseri umani di oggi. Quando questo cataclisma avrà luogo, ci saranno allora due tipi di esseri umani: quelli che non avranno riconosciuto i propri creatori e che non avranno seguito l'ultimo dei profeti, e quelli che avranno aperto le proprie orecchie ed i propri occhi, e che avranno riconosciuto ciò che era stato annunciato da molto tempo.

I primi subiranno le sofferenze della distruzione nella fornace finale e gli altri saranno preservati e condotti, assieme alla Guida delle Guide, sul pianeta degli eterni, dove godranno di una meravigliosa vita di realizzazione personale e di piacere, in compagnia degli antichi saggi. Saranno serviti da magnifici atleti dal corpo scultoreo, che porteranno loro dei cibi raffinati da degustare in compagnia di donne e uomini di una bellezza e di un fascino senza pari, totalmente sottomessi ai loro desideri.

*Su dei letti dalle stoffe artisticamente sistemate, essi riposeranno gli uni di fronte agli altri.*

*Attorno a loro, degli efebi sempre giovani, con delle coppe, delle brocche e dei bicchieri di limpide bevande.*

*Non avranno a causa d'esse male alla testa e non ne saranno affatto ubriachi.*

*Avranno ancora i frutti di loro scelta, e la carne degli uccelli che desiderano.*

*Delle magnifiche giovani donne dai grandi occhi neri, simili a vere perle, saranno la ricompensa della loro fede.* (Il Corano, Sura 56, versetti 15-23).

Voi che credete a tutto ciò che è scritto in questo libro, quando la Guida delle Guide vi convoca in qualche luogo, lasciate cadere tutte le vostre preoccupazioni, perché forse ha ricevuto un'informazione riguardante la fine. E se in quel momento gli sarete vicini, verrete salvati e portati, assieme a lui, lontano dalle sofferenze.

Voi che credete, non giudicate le azioni o le parole degli Elohim. Il creato non ha il diritto di giudicare il proprio creatore. Rispettate il nostro profeta e non giudicate le sue azioni e le sue parole, poiché noi ascoltiamo attraverso le sue orecchie, vediamo attraverso i suoi occhi e parliamo attraverso la sua bocca. Mancando di rispetto al profeta, mancate di rispetto a coloro che l'hanno inviato, i vostri creatori.

I messaggi che ci sono stati dati dagli Elohim sono nella verità, come anche gli esseri umani che vi hanno aderito totalmente. Ma i sistemi oscurantisti che sono stati fondati su questi messaggi, e che hanno sfruttato le persone che ne avvertivano l'autenticità, sono nell'errore. La Chiesa sta scomparendo, ed essa non merita altro. Quanto agli uomini di Chiesa, quelli che hanno gli occhi aperti devono raggiungere l'ultimo dei profeti e lo devono aiutare a diffondere nel mondo i messaggi che gli sono stati dati. Egli li accoglierà a braccia aperte ed essi potranno realizzarsi pienamente nell'essere i messaggeri di coloro ai quali hanno sempre creduto. Finalmente, comprenderanno che si è trattato veramente della loro opera quando hanno creato gli esseri umani e quando hanno inviato Gesù.

Essi potranno veramente realizzarsi, lontani dalle costrizioni imposte da una Chiesa fossilizzata in millenni di oscurantismo e coperta di delitti e di inquisizioni criminali. Potranno fare ciò che è loro dovere fare, vale a dire far funzionare gli organi che i creatori hanno dato loro. Ai creatori, infatti, non piace che non si utilizzino gli organi che ci hanno donato. Finalmente, potranno gioire dei loro cinque sensi ed unirsi fisicamente con gli esseri che piacciono loro, per sempre o per un solo istante di felicità, e senza mai sentirsi colpevoli. È proprio adesso, invece, che devono sentirsi in colpa, per il semplice fatto di non utilizzare totalmente ciò che i creatori hanno donato loro.

Allora, diverranno veramente degli esseri umani che aprono le menti, anziché addormentarle.

Ormai, non ci sono quasi più seminaristi. Tuttavia, esistono molti esseri che sono infelici. Si tratta di tutti coloro che sentono la vocazione di portare amore attorno a sé e di aprire le menti. Cinquant'anni fa, c'erano cinquantamila seminaristi; ora non ce ne sono più di cinquecento. Questo significa che ci sono almeno quarantanovemilacinquecento esseri infelici che hanno in sé un potenziale d'irradiazione d'amore, che è stato posto in loro dai nostri creatori affinché se ne servano. Essi, però, non si sentono attirati da questa Chiesa ricoperta di crimini e di oscurantismo.

Voi che siete tra questi quarantanovemilacinquecento, e che sentite il bisogno di portare luce intorno a voi e di fare qualcosa per i vostri simili, voi che volete restare fedeli ai vostri creatori e a Gesù, che vi diceva di amarvi gli uni gli altri e di rispettare i Creatori, *il padre vostro che è nei cieli*, voi che sentite che questo messaggio è veritiero, venite con noi e diventate delle Guide. Diventate cioè degli esseri umani che, nella tradizione di Mosè, Elia e Gesù, si consacrano agli Elohim e alla propagazione dei loro messaggi, pur conducendo una vita normale, vale a dire realizzandovi pienamente e godendo di tutti i sensi che i vostri creatori vi hanno donato.

Voi che attualmente siete uomini di Chiesa, abbandonate questi abiti tristi come il loro colore, che è il colore dei crimini che sono stati commessi sotto la loro facciata. Venite con noi e diventate delle Guide per l'umanità, sulla via della pace e dell'amore universali.

Allontanatevi da queste chiese, che sono soltanto dei monumenti eretti da primitivi, dei templi dove si adorano dei pezzi di legno e di metallo senza alcun valore. Gli Elohim non hanno bisogno di templi in ogni città per sentirsi amati. È sufficiente che gli esseri umani cerchino di comunicare telepaticamente con loro, ritrovando così il senso originale della preghiera. I nostri creatori desiderano che noi ci apriamo sull'infinito anziché chiuderci in edifici di pietra, oscuri e mistici.

Ipocrisia e mistificazione sono durate abbastanza. Sulla base di messaggi veritieri, si sono costruite organizzazioni che si sono ingrassate sfruttando questi messaggi, vivendo in un lusso sconveniente e servendosi della paura della gente per arrivare ai propri scopi. Si sono fatte delle guerre con il pretesto di diffondere questi messaggi. Vergogna!

Si è utilizzato il denaro dei poveri per erigere una potenza finanziaria. Vergogna!

Si è predicato l'amore per il prossimo con le armi alla mano. Vergogna!

Si è predicata l'uguaglianza degli esseri umani sostenendo delle dittature. Vergogna!

Si è detto *"Dio è con noi"* per meglio lanciare gli uomini in guerre fratricide. Vergogna!

Si sono letti e riletti i Vangeli che dicevano *"Non ti farai chiamare padre mio perché non avete che un solo padre, colui che è nei cieli"* e vi siete fatti chiamare padri e monsignori a tutto spiano. Vergogna!

Si sono letti e riletti dei testi che dicevano *"Ti metterai per strada senza nemmeno un paio di sandali di ricambio"* e vi siete avvolti nel lusso del Vaticano. Vergogna!

Il papa, se non farà vendere tutti i beni del Vaticano per aiutare le persone più sfortunate, non verrà ammesso tra i giusti, sul pianeta degli eterni. È infatti una vergogna circondarsi di un lusso sfrenato ottenuto sulle spalle della povera gente, servendosi di messaggi veritieri e sfruttando le nascite, le unioni ed i decessi degli esseri umani.

Ma se tutto questo cambiasse, se gli uomini che hanno fatto parte di questa mostruosa organizzazione, senza rendersi conto dei propri errori, l'abbandonassero e rimpiangessero il proprio smarrimento, allora verrebbero perdonati ed avrebbero diritto all'eternità. Infatti, gli Elohim, i nostri creatori, ci amano come dei figli e perdonano coloro che rimpiangono sinceramente i propri errori.

La Chiesa non ha più alcuna ragione di esistere, poiché è stata incaricata di diffondere il messaggio di Gesù in previsione dell'era dell'apocalisse che è ormai giunta, ed ha utilizzato dei mezzi di diffusione che sono una vergogna per lei.

Se da un lato essa ha portato a termine la sua missione, dall'altro le saranno rimproverati tutti i suoi crimini, e coloro che indossano ancora i suoi vestiti insanguinati si troveranno dalla parte dei colpevoli.

Svegliati, addormentato che sei! Tutto questo non è un semplice racconto. Rileggi tutti gli scritti degli antichi profeti, informati sulle più recenti scoperte scientifiche, soprattutto nel campo della biologia, e guarda il cielo. I segni annunciati sono arrivati! Ogni giorno, vi sono apparizioni di quegli oggetti volanti non identificati che gli esseri umani hanno battezzato "dischi volanti". *"Ci saranno dei segni nel cielo"*, questa frase è stata scritta molto tempo fa…

Informati di tutto questo, fanne una sintesi e svegliati. Rael esiste, è vivo, e non ha scritto le stesse cose che hanno scritto Mosè, Ezechiele, Elia, Gesù, Maometto, Buddha e tutti gli altri. Non è un biologo, bensì l'ultimo della stirpe dei profeti, il profeta dell'apocalisse, cioè dell'epoca in cui tutto può essere compreso. In questo momento, egli vive non lontano da te.

Hai l'occasione di essere uno dei suoi contemporanei e di ricevere il suo insegnamento. Svegliati, scuotiti e mettiti in viaggio; vallo a trovare e offrigli il tuo aiuto, egli ha bisogno di te! Sarai uno dei pionieri della religione finale, della religione delle religioni, ed avrai il tuo posto, qualunque cosa accada, tra i giusti e per l'eternità, per gustare le delizie del pianeta degli eterni, in compagnia di esseri meravigliosamente belli e sottomessi ai tuoi desideri.

# Le Guide

Tu seguirai la Guida delle Guide, poiché egli è l'ambasciatore degli Elohim, i nostri creatori, i nostri padri che sono nei cieli.

Seguirai tutti i consigli che sono dati in questo libro, poiché sono i consigli dei tuoi creatori, trasmessi attraverso la bocca di Rael, il nostro ambasciatore, l'ultimo dei profeti, il pastore dei pastori, e lo aiuterai a edificare la religione delle religioni.

Ebreo, cristiano, musulmano, buddista, e tu che hai un'altra religione, apri bene occhi ed orecchie e rileggi i tuoi testi sacri. Comprenderai che questo libro è l'ultimo, quello che i tuoi profeti ti avevano annunciato. Vieni con noi a preparare l'arrivo dei nostri creatori. Scrivi alla Guida delle Guide ed egli ti metterà in contatto con altre persone che, come te, sono raeliane, credono cioè ai messaggi trasmessi da Rael; egli ti metterà in contatto con la Guida della tua regione affinché vi possiate riunire regolarmente per meditare ed agire perché questo messaggio venga conosciuto nel mondo intero.

Tu che leggi questo messaggio, renditi bene conto che sei un privilegiato. Pensa a tutti quelli che non ne hanno ancora preso conoscenza e fai in modo che attorno a te nessuno ignori questa fantastica rivelazione, senza mai cercare di convincere coloro ai quali ne parli. Portali a conoscenza di questo messaggio e, se sono pronti, si apriranno da sé. Ripetiti sempre questa frase di Gandhi: *"Non è perché nessuno vede la verità che essa diventa un errore"*.

Tu che ti senti talmente trasportato dalla gioia leggendo questo messaggio, e che hai voglia di trasmetterlo e di portare luce intorno a te, tu che vuoi vivere dedicandoti totalmente ai nostri creatori, applicando scrupolosamente ciò che chiedono e cercando di guidare gli esseri umani sulla via della realizzazione personale, tu devi diventare una Guida, se vuoi esserne pienamente capace. Scrivi a Rael, la Guida delle Guide; egli ti riceverà e ti farà sostenere un'iniziazione, che permetterà alla tua luce di risplendere pienamente. In realtà, si può aprire la mente degli altri solo se la propria mente è già aperta.

L'amore dei creatori per la loro opera è immenso e tu devi restituire loro questo amore. Devi amarli come loro ti amano e devi provarlo, aiutando il loro ambasciatore e quelli che lo aiutano, mettendo tutti i tuoi mezzi e tutte le tue forze al loro servizio, affinché possano veramente costruire un'ambasciata per accoglierli e viaggiare attraverso il mondo per diffondere questo messaggio.

Se desideri aiutarmi a realizzare gli obiettivi indicati dagli Elohim, scrivimi:

RAEL
c/o The International Raelian Movement
Case Postale 225, CH 1211
Geneva 8 - Switzerland

o scrivete un'email a
italy@rael.org

E non dimenticare gli incontri a data fissa, i raduni delle persone che credono ai messaggi, ogni anno, la prima domenica di aprile, il 6 agosto, il 7 ottobre e il 13 dicembre, in un luogo che ti sarà indicato scrivendo al Movimento Raeliano del tuo paese.

Per maggiori informazioni sul Movimento Raeliano,
consultate il nostro sito ufficiale www.rael.org


Potete visionare i video degli insegnamenti di Rael sul canale
Youtube Raelacademy


Per maggiori informazioni sul progetto di costruzione
dell'ambasciata degli Elohim, consultate il sito
www.elohimembassy.org

# Messaggio del 13 dicembre 52 d.H.*

Ventiquattro anni fa, attraverso la bocca del nostro profeta Rael, nostro amato figlio, davamo agli uomini e alle donne della Terra il nostro messaggio finale. Quello che, come previsto, giungeva a distruggere il "mistero di Dio".

Ventiquattro anni durante i quali voi raeliani, che ci avete ufficialmente e pubblicamente riconosciuto come vostri creatori, avete operato affinché venissimo accolti nell'ambasciata che abbiamo richiesto. La vostra devozione ed i vostri sforzi ci hanno riscaldato il cuore ed i più fedeli fra voi sono fra coloro che saranno ricompensati.

In tutte le religioni, ci sono persone che meritano il nostro amore, ma i raeliani sono quelli che sono più vicini a noi. Sono il nostro nuovo popolo eletto ed un giorno avranno una nuova Terra Promessa. Perché il loro amore si fonda sulla coscienza e sulla comprensione, non sulla fede cieca.

Quelli che ci amavano come uno o più dèi soprannaturali erano preziosi ai nostri occhi ed in epoche prescientifiche non avevano altra scelta. Ma coloro che, pur sapendo che non siamo esseri soprannaturali, bensì fatti a loro immagine, continuano ad amarci o addirittura ad amarci di più, ci toccano molto di più e saranno maggiormente ricompensati. Perché ci amano con la loro coscienza e non solamente con la loro credenza. Ed è la coscienza che li rende simili a noi.

---

* Dopo Hiroshima. Lo scoppio della prima bomba atomica a Hiroshima il 6 agosto 1945 segna, per gli Elohim, l'inizio dell'era dell'apocalisse o, meglio, dell'era della rivelazione. L'anno 52 d.H. corrisponde al 1997 d.C.

Noi avevamo chiesto che fosse costruita un'ambasciata per accoglierci nei pressi di Gerusalemme e le autorità del popolo dalla "nuca dura" hanno molte volte rifiutato di accordare le autorizzazioni e l'extraterritorialità necessarie.

La nostra preferenza per Gerusalemme era puramente sentimentale, perché per noi Gerusalemme è in ogni luogo dove degli esseri umani ci amano, ci rispettano e desiderano accoglierci con il rispetto che ci è dovuto. Ed il popolo eletto è quello che, sapendo chi siamo, vuole accoglierci, vale a dire i raeliani. I veri ebrei della Terra non sono più il popolo d'Israele, ma tutti coloro che ci riconoscono come propri creatori e desiderano vederci ritornare.

Il legame che noi avevamo con il popolo d'Israele è sul punto d'essere spezzato e la Nuova Alleanza è giunta al termine. Resta loro solo poco tempo per comprendere i propri errori, prima di venire nuovamente dispersi.

Nell'attesa, è ormai a tutte le nazioni della Terra che sarà necessario chiedere l'autorizzazione e l'extraterritorialità necessarie per l'edificazione della nostra ambasciata ed il raggio d'un chilometro potrà anche essere composto d'acqua, così come da terraferma, a condizione che vi venga proibita la navigazione.

Quando un paese accorderà quest'autorizzazione, Israele avrà, per l'ultima volta, la scelta d'accordare quest'autorizzazione, durante un periodo di riflessione molto limitato, e conserverà la priorità. In caso contrario, l'ambasciata verrà costruita altrove ed il popolo di Davide perderà la nostra protezione e sarà disperso.

Il paese che vedrà l'edificazione dell'ambasciata sul proprio territorio, o su un territorio che avrà donato o venduto a questo scopo, accordandone l'extraterritorialità necessaria, vedrà il proprio avvenire garantito e fiorente, beneficerà della nostra protezione e diverrà il centro spirituale e scientifico del pianeta intero per i millenni a venire.

L'ora del nostro Grande Ritorno è vicina, e noi sosterremo e proteggeremo i più devoti fra voi. Sempre più, i vostri nemici vedranno il nostro braccio onnipotente percuoterli, in particolare l'usurpatore di Roma, i suoi vescovi e tutti coloro che agiscono in nostro nome, senza averne avuto il mandato.

L'anno duemila non è nulla per noi e nulla per una larga maggioranza di terrestri che non sono cristiani, ma molti falsi profeti tenteranno di utilizzare questo cambiamento di millennio per sviare gli esseri umani. Questo è previsto ed è una selezione dei più coscienti. Seguite la vostra Guida delle Guide, saprà farvi evitare gli scogli di quest'epoca di transizione, perché è la Via, la Verità, la Vita.

Il buddhismo ha sempre più successo sulla Terra e questo è un bene, poiché è la religione che più si avvicina alla Verità ed al nuovo equilibrio scientifico-spirituale necessario agli umani della nuova era. Il buddhismo, spogliato della zavorra mistica del passato, dà come risultato il raelismo ed i buddhisti che diverranno raeliani saranno sempre più numerosi.

Che la vostra gioia di vedere avvicinarsi il nostro grande ritorno vi dia le ali per sormontare le ultime insidie del percorso. Noi siamo così vicini a questo giorno e a voi che, se vi raccogliete, dovreste poter sentire la nostra presenza.

E questa sensazione illuminerà i vostri giorni e le vostre notti, e renderà la vostra vita meravigliosa, qualsiasi siano le prove che vi restano da superare. Il piacere di ritrovarci sarà molto meno grande del piacere di aver operato perché questo giorno giunga. È nel compimento della vostra missione che sta il piacere più grande, non nel suo risultato!

Nell'attesa, il nostro amore e la nostra luce vi guideranno attraverso la bocca del nostro amato profeta, e non dimenticatevi che, se anche vi vediamo in permanenza, ogni volta che lui vi guarda, noi vi vediamo meglio, perché abbellisce ciò che guarda con l'amore che prova per voi.

Più l'amate e più ci amate, poiché è una parte di noi sulla Terra. Se a volte vi pare difficile manifestarci il vostro affetto è perché non avete avuto la coscienza per vedere che il nostro amato figlio calpestava, un'altra volta, il vostro stesso suolo.

Voi non potete amarci e trascurarlo, perché, ancora una volta, niente giunge al Padre se non attraverso il Figlio. Poiché è fra voi, mangia quando voi mangiate, dorme quando voi dormite, ride quando voi ridete e piange quando voi piangete.

Non abbiate la pretesa di amarci se non lo trattate come il più caro fra noi.

Il suo amore per voi è talmente grande che ci chiede, senza sosta, di perdonare cose che noi giudichiamo imperdonabili. È il vostro migliore avvocato agli occhi dei vostri creatori. E sul vostro pianeta, dove l'amore ed il perdono sono sempre più rari, in una società che diviene sempre più barbara a causa della mancanza di questi valori, egli è il vostro bene più prezioso.

Mancate d'amore? Guardatelo, è vivo fra voi!

Possa la sua luce guidarvi fino a quando noi torneremo o non torneremo, perché, in tutti i casi, noi vi attendiamo fra i nostri eterni.

Pace e amore a tutti gli esseri umani di buona volontà.

*Messaggio trasmesso telepaticamente a Rael*
*il 13 dicembre 52 d.H.*

# Altre opere dell'autore

## Il Libro che dice la Verità

All'età di 27 anni, il giovane giornalista francese Claude Vorilhon era pilota ed editore di una delle più importanti riviste francesi di sport automobilistico. Il 13 dicembre del 1973, la sua vita venne sconvolta quando, nel cratere di un vulcano spento nei pressi di Clermond-Ferrand, vide apparire un "disco volante" di sette metri di diametro, assolutamente silenzioso e fatto di un metallo argenteo molto brillante. Ne scese un essere, che gli affidò importanti messaggi che gettano una nuova luce sull'interpretazione di molti passi biblici e vari avvenimenti dell'antichità. Questo primo libro di Rael, pubblicato per la prima volta nel 1974, è un resoconto dettagliato di questo straordinario incontro. L'extraterrestre rivelò che ogni forma di vita esistente sulla Terra è stata creata da esseri venuti da un lontano pianeta, gli Elohim, grazie ad una perfetta padronanza dell'ingegneria genetica e del DNA. La stessa Bibbia, nella Genesi, parla dell'opera degli Elohim. Infatti dice: "Il primo giorno Elohim fece questo, il secondo giorno Elohim fece quello, ecc." Questo termine "Elohim" è stato erroneamente tradotto con la parola singolare "Dio", mentre in ebraico antico è un plurale che significa "quelli che sono venuti dal cielo". L'essere umano, quindi, sarebbe stato creato scientificamente, molto tempo fa, proprio da scienziati ed artisti venuti da un altro pianeta: gli Elohim, appunto. Tutte le altre rivelazioni sono conseguenti a questa. Gesù, ad esempio, sarebbe nato dall'unione di uno degli Elohim con una figlia della Terra, ed il suo compito era quello di preparare l'umanità all'avvento della nostra epoca, l'era dell'apocalisse o della rivelazione. Anche Mosè, Buddha, Maometto e tutti gli altri grandi profeti del passato sarebbero stati inviati da questi stessi extraterrestri, per cercare di guidare l'umanità nella direzione della pace e dell'amore, in previsione dell'era che stiamo vivendo oggi, l'era scientifica, nella quale avremmo potuto finalmente comprendere l'opera dei nostri creatori. Dal 1945, siamo entrati nell'era dell'apocalisse, come stanno a dimostrare i segni che la Bibbia previde: il popolo di Davide ritrova il suo paese (creazione dello Stato di Israele), l'apparizione di "segni nel cielo" (avvistamenti UFO), i ciechi possono vedere (creazione di protesi elettroniche), l'uomo porta la sua voce al di là degli oceani (reti di telecomunicazione) e si rende simile a "Dio", sintetizzando il DNA in laboratorio e realizzando le prime forme di vita artificiali.

## Accogliere gli extraterrestri

Pubblicata nel 1979, quest'opera risponde alle domande più importanti sollevate dai primi due libri di Rael: "Il Libro che dice la Verità" e "Gli extraterrestri mi hanno portato sul loro pianeta". Esso apporta alcune informazioni che gli Elohim avevano chiesto a Rael di rivelare solo dopo che fossero trascorsi tre anni dall'incontro del 7 ottobre 1975. Questo libro rappresenta un complemento indispensabile per comprendere appieno i precedenti libri dell'autore.

## La Geniocrazia

Quest'opera è stata pubblicata per la prima volta nel 1977. Descrive il sistema politico, sociale ed economico del pianeta degli Elohim, basato sulla Geniocrazia. La Geniocrazia è una democrazia selettiva che favorisce e mette al servizio dell'Umanità l'intelligenza ed il genio umano. Pubblicato nel 1977, "La Geniocrazia" è uno degli strumenti più importanti che gli Elohim ci hanno donato per trasformare il nostro pianeta in un vero paradiso e ispirare quella rivoluzione che ci assicurerà un futuro radioso per i millenni a venire. "Governare significa prevedere. Chi ci ha governato finora non ha saputo prevedere nulla, era quindi incapace di governare". Non sarebbe forse lecito sperare che a governarci ci siano persone più intelligenti di quanto lo siamo noi?

## La Meditazione Sensuale

Pubblicato nel 1980, questo libro costituisce un vero e proprio "manuale d'istruzioni" che è stato donato all'umanità per guidare gli esseri umani a servirsi pienamente delle capacità armonizzatrici del proprio cervello, per giungere alla felicità e all'autorealizzazione. Chi può conoscere il funzionamento di un orologio meglio dell'orologiaio che lo ha costruito? Potrete poi assaporare i benefici della meditazione sensuale, insegnata a Rael dagli Elohim, procurandovi le registrazioni audio degli esercizi di meditazione sul sito ufficiale www.rael.org o partecipando alle Università della Felicità organizzate dal Movimento Raeliano su ogni continente. La meditazione sensuale insegnata da Rael si rivela di grande utilità per le persone del nostro tempo, che vivono spesso vite frenetiche all'insegna dello stress quotidiano. Il suo scopo è di risvegliare la mente attraverso il risveglio delle nostre innate capacità sensoriali di sentire l'infinito che ci compone e che componiamo. La meditazione sensuale, attraverso una pratica giornaliera, consente di raggiungere una maggiore consapevolezza di se stessi e degli altri, arrivando a percepirsi come elementi dell'armonia universale.

## Si alla clonazione umana

In questo libro, egli spiega perché la clonazione, allo stadio in cui oggi la conosciamo, rappresenta per tutti gli esseri umani la prima tappa verso la possibilità di diventare eterni. La creazione di cloni, che saranno delle repliche fisiche esatte di noi stessi, insieme al trasferimento nel loro cervello della nostra memoria e della nostra personalità, ci permetterà realmente di vivere in eterno. Ci ricorderemo di tutto il nostro passato e potremo accumulare delle conoscenze all'infinito. Il più grande sogno dell'essere umano, la vita eterna, che veniva promessa dalle religioni del passato soltanto dopo la morte e in un paradiso mitico, diverrà presto una realtà scientifica. Rael ci spiega anche come le nuove tecnologie rivoluzioneranno il nostro ambiente e la nostra vita. La nanotecnologia, per esempio, che sopprimerà l'agricoltura e l'industria, le intelligenze artificiali che supereranno di molto le capacità della mente umana, la vita eterna all'interno di computer senza la necessità di corpo biologico, il teletrasporto, i robot biologici; ecco qualche soggetto, tra i molti altri che questo libro affronta, che ci permette di intravedere lo straordinario futuro che ci attende. E come dice lo stesso Rael, questo futuro non parla di fantascienza: tutto questo accadrà nei prossimi decenni! Un libro per prepararsi ad un mondo inimmaginabile, che farà della Terra un paradiso dove più nessuno sarà obbligato a lavorare.

## Il Maitreya, estratti del suo insegnamento

Rael non è soltanto il messaggero degli Elohim, colui che apporta una rivoluzionaria spiegazione delle nostre origini e descrive un futuro meraviglioso grazie alla scienza. È anche un risvegliatore eccezionale che, da oltre quarant'anni, tiene in tutto il mondo dei seminari di meditazione e trasmette un insegnamento di incommensurabile saggezza, che ha portato la felicità nella vita di migliaia di persone. Per gli asiatici, Rael è il Maitreya o il "Buddha che viene da occidente", com'era stato preannunciato. Questo libro, pubblicato nel 2003, contiene degli estratti del suo ammirevole insegnamento, nei quali distrugge le paure ed i sensi di colpa provenienti da un'educazione che ci ha profondamente limitati. Egli apporta una nuova spiritualità basata sul concetto di infinito e su una conoscenza scientifica del funzionamento del cervello e della coscienza. Egli, infine, prepara gli esseri umani ad entrare in una prossima era d'oro, grazie all'applicazione delle nuove tecnologie. Allo stesso tempo ci ricorda di meditare e di sostituire la cultura dell'avere, che domina il mondo attuale, con una cultura della felicità e dell'essere.